中国共产党
永葆先进性的
奥秘

插图版
百年青春

刘玉瑛 著

新华出版社

图书在版编目（CIP）数据

百年青春：中国共产党永葆先进性的奥秘 / 刘玉瑛著. —
北京：新华出版社，2021.2（2025.3重印）
ISBN 978-7-5166-5627-3

Ⅰ.①百⋯　Ⅱ.①刘⋯　Ⅲ.①中国共产党—党的建设—
研究　Ⅳ.① D26

中国版本图书馆 CIP 数据核字（2021）第 022065 号

百年青春：中国共产党永葆先进性的奥秘

作　　　者：刘玉瑛	
选题策划：黄春峰	责任编辑：沈文娟　祝玉婷
责任校对：刘保利	封面设计：今亮后声・赵晓冉　胡振宇

出版发行：新华出版社
地　　址：北京石景山区京原路 8 号　　邮　　编：100040
网　　址：http://www.xinhuapub.com
经　　销：新华书店、新华出版社天猫旗舰店、京东旗舰店及各大网店
购书热线：010-63077122　　中国新闻书店购书热线：010-63072012

照　　排：华兴嘉誉
印　　刷：大厂回族自治县众邦印务有限公司

成品尺寸：155mm × 235mm
印　　张：13.25　　　　　　　　　字　　数：162 千字
版　　次：2021 年 4 月第一版　　　印　　次：2025 年 3 月第三次印刷
书　　号：ISBN 978-7-5166-5627-3
定　　价：68.00 元

版权专有，侵权必究。如有质量问题，请与出版社联系调换：010-63077124

前 言

1921年7月,当浙江嘉兴南湖"红船"劈浪启航的时候,全国仅有50多名中国共产党党员。但截至2019年年底时,中国共产党党员总数已为9191.4万名。而且,中国共产党在全国执政已有70余年。

无疑,中国共产党是一个老党,也是一个大党。中国共产党虽然是一个老党、大党,但却一直保持着旺盛的青春活力,具有着先进性和纯洁性的政治品质,拥有着伟大、光荣、正确的政治荣誉,而且始终被人民群众所拥护、所支持。

在中国共产党成立100周年之际,我们探讨、追溯和总结中国共产党作为百年大党,永葆先进性和纯洁性、永葆青春活力,始终得到人民群众的拥护和支持,实现了长期执政的奥秘,对于新时代"全面推进党的政治建设、思想建设、组织建设、作风建设、纪律建设,把制度建设贯穿其中,深入推进反腐败斗争,不断提高党的建设质量,把党建设成为始终走在时代前列、人民衷心拥护、勇于自我革命、经得起各种风浪考验、朝气蓬勃的马克思主义执政党",具有非常重要的价值。

100年来,中国共产党为永葆先进性采取了多种多样的重要举措,我的这一本薄书是难以揭示其全部奥秘的。因此,本书采取了总分结合的写作手法,在每一章中,既有对永葆先进性奥秘总体概略的叙述，又有对其采取的具体重要举措的分析，力图通过这种方式呈现给读者立体的、全貌式的奥秘图景。这也是本书的一大特点。

2021年2月1日下午，习近平在人民大会堂同各民主党派中央、全国工商联负责人和无党派人士代表欢聚一堂，共迎佳节，并发表了重要讲话。他在讲话中宣布，中共中央决定，今年在全党开展中共党史学习教育，激励全党不忘初心、牢记使命，在新时代不断加强党的建设。本书以百年党史为基础，对共产党永葆先进性的奥秘进行了探求，既适合做共产党员、党员干部学习党史的阅读书籍，也适合做各级党校、各级党组织对共产党员、党员干部的培训教材。

在撰写本书的过程中，我曾参阅、引用了部分报纸杂志发表的资料来阐述、说明、佐证问题，这些资料大多在引用时已有注明，这里就不再逐一列举，我谨在此向原作者致以诚挚的谢意！

同时，我还要对新华出版社的副社长黄春峰先生说一句"谢谢"，本书由他策划；同时，我也要感谢新华出版社编辑室的沈文娟主任和祝玉婷女士，她们为本书的问世付出了辛勤的劳动。

刘玉瑛

2021年2月12日

目 录

第一章　以坚定的理想信仰来固本铸魂 …………………… 002

党一成立就把马克思主义写在自己的旗帜上 / 004

马克思主义在中国的传播 / 004

近代史上开天辟地的大事变 / 006

坚定地信仰马克思主义 / 007

以正确的学风信仰马克思主义 / 008

创新和发展了马克思主义理论 / 011

毛泽东思想 / 011

邓小平理论 / 013

"三个代表"重要思想 / 015

科学发展观 / 016

习近平新时代中国特色社会主义思想 / 016

坚定理想信念，风雨如晦不动摇 / 019

中国共产党人的远大理想 / 019

我国各族人民的共同理想 / 021

理想信念是共产党人精神上的"钙" / 023

理想要靠矢志不渝追求才能得以实现 / 024

第二章　坚持人民至上，牢记初心和使命 …………………… 026

一切为了人民群众 / 028

一切从人民的利益出发 / 028

真正的铜墙铁壁 / 030

给人民看得见的物质福利 / 033

江山就是人民，人民就是江山 / 043

必须坚持人民的历史主体地位 / 043

为人民群众谋利益 / 046

尊重民权、顺应民意、维护民利 / 047

把人民至上的执政理念落到实处 / 050

始终全心全意为人民服务 / 050

始终为人民利益和幸福而努力工作 / 052

必须坚持党的群众路线 / 053

筑牢党长期执政的最可靠基础 / 059

民心是最大的政治 / 059

守初心、担使命，找差距、抓落实 / 063

以理论滋养初心、以理论引领使命 / 065

持续推动全党不忘初心、牢记使命 / 066

第三章　敢于刀刃向内，勇于自我革命 …………………070

中国共产党最为鲜明的政治品格 / 072
无产阶级政党性质的必然要求 / 072
传统自省革新精神是党勇于自我革命的渊源 / 073
自我革命是党居安思危破解历史周期率的重策 / 074

中国共产党勇于自我革命的主要经验 / 077
居安思危，思想上高度重视自我革命 / 077
实践中根据不同问题进行自我革命 / 078
按照实际情况决定自我革命的方法 / 079

中国共产党勇于自我革命的精髓要义 / 085
坚持马克思主义真理，修正偏离或违背马克思主义的错误思想 / 085
坚持党的根本宗旨，纠正背离全心全意为人民服务的错误行为 / 087
坚持实事求是的思想路线，同违背实事求是的现象做不妥协的斗争 / 088

中国共产党勇于自我革命的经典案例 / 090
"这股风必须坚决刹住" / 091
使党风根本好转 / 093
整党的全面部署 / 094
党的组织进一步纯洁 / 100

第四章　夯实党的团结统一的思想基础 ……………………104

必须维护党的团结和统一 / 106

团结和集中统一是党的力量所在 / 106

要真团结不要假团结 / 108

坚持以"两个维护"引领党的团结统一 / 110

必须坚守政治忠诚 / 114

政治忠诚是共产党人的基本政治伦理 / 114

忠诚于党的信仰 / 115

忠诚于党的理论和路线方针政策 / 116

始终坚持解放思想和实事求是相统一 / 120

马克思主义理论的精髓 / 120

把解放思想、实事求是作为行动向导 / 124

完成新任务的思想武器 / 126

第五章　坚持全面从严治党，永葆党的先进性 ……………130

坚持把纪律挺在前面 / 132

重视纪律建设是党的优良传统 / 132

必须大书一笔的党的纪律处分条例 / 136

严明党的纪律的新思想 / 142

目录

必须坚持党中央权威和集中统一领导 / 146

 坚决维护党中央权威,保证全党令行禁止 / 146
 坚持党中央集中统一领导 / 147
 增强政治意识、大局意识、核心意识、看齐意识 / 148

坚定不移推进依规治党 / 154

 中国共产党一贯重视依规治党 / 154
 依规治党的根本遵循 / 157
 党内法规制度体系的核心 / 159

新时代全面从严治党 / 162

 全面从严治党翻开新的一页 / 162
 坚持"老虎"、"苍蝇"一起打 / 165
 全面深入推进全面从严治党 / 166

第六章　重视学习教育,提高全党的思想水平 …… 170

中国共产党依靠学习走到今天 / 172

 马克思主义改变了中国近代历史走向 / 172
 改造我们的学习 / 176
 依靠学习走向未来 / 178
 新时代党对学习提出的新要求 / 180

坚持用党的科学理论武装头脑 / 181

 牢固树立并加强理论认同 / 181

 把握国情并坚持中国道路 / 185

 在深化理论方面下大功夫 / 189

学深悟透习近平新时代中国特色社会主义思想 / 192

 深刻理解习近平新时代中国特色社会主义思想的
  时代背景 / 192

 深刻理解习近平新时代中国特色社会主义思想的
  创新界标 / 195

 深刻理解习近平新时代中国特色社会主义思想的
  内容体系 / 196

参考文献 …………………………………………………… 199

第一章

以坚定的理想信仰来固本铸魂

1921年7月诞生的中国共产党,是马克思主义同中国工人运动相结合的产物。她自诞生之日起,就以马克思主义为自己的指导思想和行动指南,并确立了社会主义共同理想和共产主义远大理想,以此来固本铸魂,这是中国共产党永葆先进性的奠基石和灵魂所在。"万物得其本者生,百事得其道者成";"本根不摇,则枝叶茂荣"。

党一成立就把马克思主义写在自己的旗帜上

1921年7月23日,中国共产党第一次全国代表大会在上海开幕。在开会的过程中,由于遭到法租界巡捕搜查,会议于8月2日转到浙江嘉兴,在嘉兴南湖一条画舫上继续举行并胜利闭幕。

党的一大宣告中国共产党正式成立。中国共产党自诞生之日起,就把马克思主义写在自己的旗帜上。

马克思主义在中国的传播

马克思主义产生于19世纪40年代,是资本主义矛盾激化和工人运动发展的产物。它包括马克思主义哲学、政治经济学和科学社会主义三个主要组成部分。

中国共产党主要创始人之一的李大钊(1889年10月29日—1927年4月28日),是中国传播马克思主义的先驱者。

俄历1917年10月25日(公历11月7日),列宁领导的布尔什维克武装力量向资产阶级临时政府所在地圣彼得堡冬宫发起总攻,推翻了资产阶级的临时政府,建立了苏维埃政权,史称"十月革命"。

俄国"十月革命"胜利后,李大钊认为马克思主义是真正能够拯救中国的学说,于是,他开始在中国宣传马克思主义。

《我的马克思主义观》就是李大钊阐述对马克思主义见解的重要文章。《我的马克思主义观》刊登在1919年的《新青年》上。

为什么要介绍马克思主义?李大钊在《我的马克思主义观》中

第一章　以坚定的理想信仰来固本铸魂

开宗明义：

自俄国革命以来，"马克思主义"几有风靡世界的势子，德奥匈诸国的社会革命相继而起，也都是奉"马克思主义"为正宗。"马克思主义"既然随着这世界的大变动，惹动了世人的注意，自然也招了很多误解……我们把这些零碎的资料，稍加整理，乘本志出"马克思研究号"的机会，把他转介绍于读者，使这为世界改造原动的学说，在我们的思辨中，有点正确的解释，吾信这也不是绝无裨益的事。

李大钊之所以要介绍马克思主义，就是要"使这为世界改造原动的学说，在我们的思辨中，有点正确的解释"。

▼　李大钊（1889—1927）是新文化运动和五四运动的直接组织者和领导者，也是中国共产党和中国社会主义青年团的创始人之一。图为李大钊在五四前夕发表于《新青年》杂志上的宣传马克思列宁主义和民主思想的文章。（新华社发）

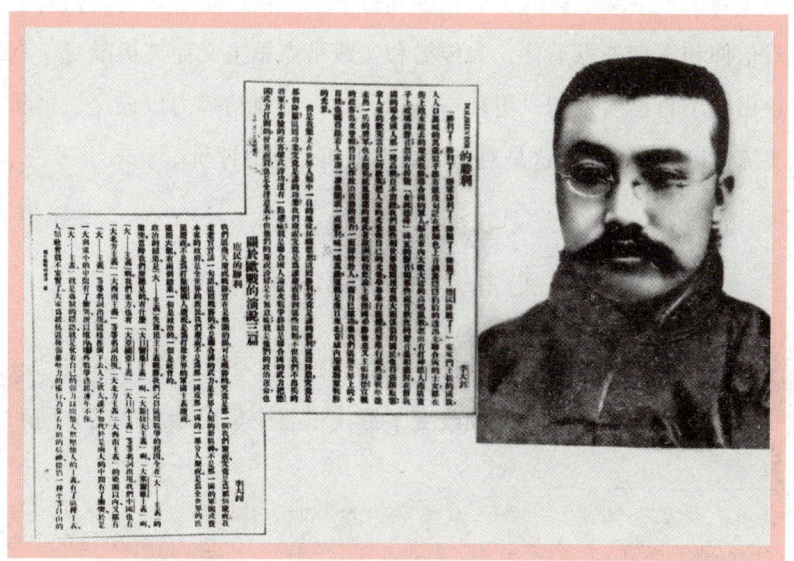

《我的马克思主义观》一文的发表，对于马克思主义在中国的早期传播起到了非常重要的作用。

1920年3月，李大钊在北京大学发起组织马克思学说研究会。这个研究会吸引了大批进步青年。许多进步青年接受了马克思主义，走上革命道路，从而也推动了马克思主义与中国工人运动的密切结合。

2009年10月28日，习近平在纪念李大钊诞辰120周年座谈会上的讲话中对李大钊予以了高度的评价。他说："在北洋军阀统治下的中国，传播马克思主义何其艰难，但他以开拓者的无畏姿态，旗帜鲜明地指出马克思主义是我们时代的真理，是'拯救中国的导星'，并积极付诸行动。正是李大钊同志等一批革命家的艰辛努力，使马克思主义在中国得到广泛传播，使大批先进青年接受马克思主义走上革命道路，也推动马克思主义与工人运动密切结合，使中国工人阶级发展成为用马克思主义武装起来的自为阶级。这一切，为中国新民主主义革命的发展和胜利打下了坚实的基础。李大钊同志对信仰和真理矢志不移，为传播和实践马克思主义而英勇献身，真正做到了自己所说的'勇往奋进以赴之'、'瘅精瘁力以成之'、'断头流血以从之'。"① 这是对李大钊客观而公正的评价。

近代史上开天辟地的大事变

中国共产党的成立，是中国近现代史上开天辟地的大事变。"这一开天辟地的大事变，深刻改变了近代以后中华民族发展的方向和

---

① 习近平：《在纪念李大钊诞辰120周年座谈会上的讲话》，新华社，2009年10月28日。

进程，深刻改变了中国人民和中华民族的前途和命运，深刻改变了世界发展的趋势和格局①。"中国革命的面貌从此焕然一新。

党的一大通过了《中国共产党的第一个纲领》（以下简称《纲领》）。《纲领》（根据俄文版）规定："革命军队必须与无产阶级一起推翻资本家阶级的政权，必须支援工人阶级，直到社会的阶级区分消除为止；承认无产阶级专政，直到阶级斗争结束，即直到消灭社会的阶级区分；消灭资本家私有制，没收机器、土地、厂房和半成品等生产资料，归社会公有；联合共产国际。"《纲领》还明确强调，要把工人、农民和士兵组织起来，"党的根本政治目的是实行社会革命"。

这说明党自诞生之日起就坚持以马克思主义为行动指南，旗帜鲜明地把社会主义和共产主义规定为自己的奋斗目标，并且坚持用社会革命的手段来实现这个目标。这必然使中国革命的面貌焕然一新。

坚定地信仰马克思主义

马克思主义是放之四海而皆准的真理，是中国共产党的坚定信仰。正如习近平总书记所指出的："无论是处于顺境还是逆境，中国共产党从未动摇对马克思主义的信仰"，"背离或放弃马克思主义，中国共产党就会失去灵魂、迷失方向。在坚持马克思主义指导地位这一根本问题上，我们必须坚定不移，任何时候任何情况下都不能有丝毫动摇"。②

坚定地信仰马克思主义，就要坚持践行马克思主义，就必须掌

---

①② 习近平：《在庆祝中国共产党成立95周年大会上的讲话》，新华社，2016年7月1日。

握和坚持马克思主义的立场、观点和方法。

第一，坚持马克思主义立场。马克思主义的立场，就是无产阶级和广大人民群众的立场。马克思主义认为，无产阶级政党的一切理论和奋斗都致力于实现以劳动人民为主体的最广大人民的根本利益，把全人类解放和人的全面发展作为最高的价值追求。

第二，坚持马克思主义观点。马克思主义的观点，就是实践的观点、辩证的观点、矛盾的观点、历史的观点、发展的观点、阶级的观点、群众的观点，等等。坚持马克思主义的观点，就是要用马克思主义的观点来认识问题、分析问题和解决问题。

第三，坚持马克思主义方法。马克思主义方法，就是一切从实际出发、理论联系实际、实事求是、具体问题具体分析、在实践中检验真理和发展真理等基本方法。

而这些，也正是中国共产党一直所坚持的。中国共产党以全心全意为人民服务为宗旨，以社会主义共同理想和共产主义远大理想为奋斗目标，就是马克思主义立场的体现；中国共产党用阶级的观点分析社会矛盾，用实践的观点检验真理，就是用马克思主义的观点来认识问题、分析问题和解决问题；中国共产党一切从实际出发、理论联系实际、实事求是，就是坚持马克思主义的方法。

以正确的学风信仰马克思主义

中国共产党不仅信仰马克思主义，还始终以正确的学风来保证完整准确地理解马克思主义，而对于不正确的学风则予以毫无保留地批判和克服。

学风，是人们在学习态度和学习方法上所表现出来的风气和风

第一章　以坚定的理想信仰来固本铸魂

▲ 1942年2月1日，毛泽东同志在延安中央党校开学典礼上作了《整顿党的作风》的重要报告，揭开了在全党开展整风运动的序幕。图为中国人民抗日军政大学的学员在学习。（新华社发）

格。就党风中的"学风"来说，这个概念最早是由毛泽东1942年2月1日在中共中央党校举行的开学典礼演讲中提出来的。他说：

> 所谓学风，不但是学校的学风，而且是全党的学风。学风问题是领导机关、全体干部、全体党员的思想方法问题，是我们对待马克思列宁主义的态度问题，是全党同志的工作态度问题。既然是这样，学风问题就是一个非常重要的问题，就是第一个重要的问题。①

---

① 毛泽东：《整顿党的作风》（1942年2月1日），《毛泽东选集》第3卷，北京：人民出版社1991年版，第813页。

不正派的学风，其主要表现，就是主观主义和教条主义。

对于主观主义，毛泽东揭露了它的本质。"主观主义是一种不正派的学风，它是反对马克思列宁主义的，它是和共产党不能并存的。"①毛泽东不仅揭露了它的本质，还指出了它的危害性："这种作风，拿了律己，则害了自己；拿了教人，则害了别人；拿了指导革命，则害了革命。总之，这种反科学的反马克思列宁主义的主观主义的方法，是共产党的大敌，是工人阶级的大敌，是人民的大敌，是民族的大敌，是党性不纯的一种表现。"②毛泽东不仅指出了它的危害性，还号召全党把它打倒。他说："大敌当前，我们有打倒它的必要。只有打倒了主观主义，马克思列宁主义的真理才会抬头，党性才会巩固，革命才会胜利。"③

毛泽东不仅对主观主义进行了毫不留情的评判，对教条主义的危害也予以无情的揭露。他说："马克思列宁主义是从客观实际产生出来又在客观实际中获得了证明的最正确最科学最革命的真理；但是许多学习马克思列宁主义的人却把它看成是死的教条，这样就阻碍了理论的发展，害了自己，也害了同志。"④因此，他要求有教条主义思想的人"必须抛弃教条主义"。

正是因为中国共产党抛弃了主观主义和教条主义，从而以正确的学风完整、准确地领会了马克思主义。

---

① 毛泽东：《整顿党的作风》（1942年2月1日），《毛泽东选集》第3卷，北京：人民出版社1991年版，第811—812页。

②③ 毛泽东：《整顿党的作风》（1942年2月1日），《毛泽东选集》第3卷，北京：人民出版社1991年版，第800页。

④ 毛泽东：《整顿党的作风》（1942年2月1日），《毛泽东选集》第3卷，北京：人民出版社1991年版，第817页。

创新和发展了马克思主义理论

中国共产党不仅确立了马克思主义作为自己的指导思想,还将马克思主义的基本原理与中国革命、建设和改革的实际情况相结合,创新和发展了马克思主义,使马克思主义中国化,由此产生了马克思主义中国化的成果,即毛泽东思想、邓小平理论、"三个代表"重要思想、科学发展观和习近平新时代中国特色社会主义思想,从而丰富和发展了马克思主义理论。

毛泽东思想

毛泽东思想,是以毛泽东同志为主要代表的中国共产党人,把马克思列宁主义的基本原理同中国革命的具体实践结合起来,对中国革命和建设实践中一系列独创性经验所作的理论概括和总结,是被实践证明了的关于中国革命和建设的正确理论原则和科学思想体系,是中国共产党长期坚持的根本指导思想。

1943年7月,王稼祥撰写的《中国共产党与中国民族解放的道路》一文,首次提出了"毛泽东思想"这一概念。

1945年5月,刘少奇在党的七大会议上,首次对它的科学内涵作了界定。他说:

> 毛泽东思想,就是马克思列宁主义的理论与中国革命的实践之统一的思想,就是中国的共产主义,中国的马克思主义。……毛泽东思

想，就是马克思主义在目前时代的殖民地、半殖民地、半封建国家民族民主革命中的继续发展，就是马克思主义民族化的优秀典型。①

刘少奇不仅对毛泽东思想的科学内涵作了科学的、符合当时历史实际的界定，还扼要地阐释了毛泽东思想的形成和发展过程。他说："它是从中国民族与中国人民长期革命斗争中，在中国伟大的三次革命战争——北伐战争、土地革命战争和现在的抗日战争中，生长和发展起来的。它是中国的东西，又是完全马克思主义的东西。它是应用马克思主义的宇宙观与社会观——辩证唯物论与历史唯物论，即在坚固的马克思列宁主义理论的基础上，根据中国这个民族的特点，依靠近代革命以及中国共产党领导人民斗争的极端丰富的经验，经过科学的缜密的分析而建设起来的。"②

党的七大将毛泽东思想确定为党的指导思想并写入党章。党的七大通过的党章指出："毛泽东思想，就是马克思列宁主义的理论与中国革命的实践之统一的思想，就是中国的共产主义，中国的马克思主义。"

2013年12月26日，习近平在纪念毛泽东同志诞辰120周年座谈会上强调："新形势下，我们要坚持和运用好毛泽东思想活的灵魂，把我们党建设好，把中国特色社会主义伟大事业继续推向前进。"③

---

① 刘少奇：《论党》（1945年5月14日），《刘少奇选集》（上卷），北京：人民出版社1981年版，第333页。

② 刘少奇：《论党》（1945年5月14日），《刘少奇选集》（上卷），北京：人民出版社1981年版，第333—334页。

③ 习近平：《在纪念毛泽东同志诞辰120周年座谈会上的讲话》（2013年12月26日），《人民日报》，2013年12月27日。

第一章　以坚定的理想信仰来固本铸魂

邓小平理论

邓小平理论，是以邓小平同志为主要代表的中国共产党人，依据马克思主义的基本原理，针对中国国情，结合时代特征，围绕着"什么是社会主义、怎样建设社会主义"这个首要的根本问题，得出的一系列新的结论，形成的建设中国特色社会主义的理论。

这一理论首次比较系统地初步回答了在中国这样经济文化比较落后的国家如何建设社会主义、如何巩固和发展社会主义的一系列基本问题，深刻揭示了社会主义的本质，实现了马克思主义同中国实际相结合的又一次历史性飞跃。

1997年9月，党的十五大首次使用"邓小平理论"这个概念，提出要"高举邓小平理论伟大旗帜，把建设有中国特色社会主义事业全面推向二十一世纪"，并把邓小平理论作为党的指导思想写入党章。

1999年3月15日，第九届全国人民代表大会第二次会议通过宪法修正案，将"邓小平理论"写入宪法，确立为国家的指导思想。这标志着邓小平理论的正式命名和确立。

2014年8月20日，习近平在纪念邓小平同志诞辰110周年座谈会上的讲话高度评价了邓小平及其创立的邓小平理论。他指出："邓小平同志留给我们的最重要的思想和政治遗产，就是他带领党和人民开创的中国特色社会主义，就是他创立的邓小平理论。"①

---

① 习近平：《在纪念邓小平同志诞辰110周年座谈会上的讲话》（2014年8月20日），《人民日报》，2014年8月21日。

▲ 1997年9月22日，中央和地方各大报纸全文刊登了江泽民同志在党的十五大上作的题为《高举邓小平理论伟大旗帜 把建设有中国特色社会主义事业全面推向二十一世纪》的报告，引起全国人民极大关注。福州街头的报栏一早就换上了当天的报纸，市民们纷纷驻足街头，阅读报告。（新华社资料照片）

▲ 2001年9月，在第十二届全国书市上，"党建""党史"类图书受到众多书商和读者的青睐，《邓小平领导理论学习纲要》《邓小平理论通俗读本》等成为书市交易中的亮点。图为一位昆明读者在认真选购"党建"丛书。（新华社记者　蔺以光 摄）

第一章　以坚定的理想信仰来固本铸魂

"三个代表"重要思想

"三个代表"重要思想，是以江泽民同志为主要代表的中国共产党人，在建设中国特色社会主义的实践中逐步形成的，是中国特色社会主义理论体系的重要组成部分，是中国共产党的指导思想。"三个代表"重要思想突出强调，中国共产党要始终代表中国先进生产力的发展要求、代表中国先进文化的前进方向、代表中国最广大人民的根本利益。

2000年2月25日，江泽民在广州听取广东省委工作汇报后，发表了重要讲话，首次完整提出了"三个代表"的重要思想。他指出："总结我们党七十多年的历史，可以得出一个重要的结论，这就是，我们党所以赢得人民的拥护，是因为我们党作为中国工人阶级的先锋队，在革命、建设、改革的各个历史时期，总是代表着中国先进社会生产力的发展要求，代表着中国先进文化的前进方向，代表着中国最广大人民的根本利益，并通过制定正确的路线方针政策，为实现国家和人民的根本利益而不懈奋斗。"

2002年11月党的十六大通过的《中国共产党章程（修正案）》，将"三个代表"重要思想同马克思列宁主义、毛泽东思想、邓小平理论一道，作为党必须长期坚持的指导思想写入党章，成为党的行动指南。

2004年3月14日，第十届全国人民代表大会第二次会议通过宪法修正案，将"三个代表"重要思想写入宪法，确立为国家的指导思想。

科学发展观

科学发展观，是以胡锦涛同志为主要代表的中国共产党人，根据新的发展要求，在深刻认识和回答新形势下实现什么样的发展、怎样发展等重大问题的基础上，逐步形成的科学理论，是中国共产党的指导思想。

2003年8月，胡锦涛在江西考察时首次提出"科学发展观"这一概念，明确提到"要牢固树立协调发展、全面发展、可持续发展的科学发展观"。

2007年10月党的十七大报告正式确定了科学发展观的理论定位、理论依据和理论内涵，指出："科学发展观，第一要义是发展，核心是以人为本，基本要求是全面协调可持续，根本方法是统筹兼顾。"十七大通过的《中国共产党章程（修正案）》，将科学发展观写入党章，并将科学发展观作为我国经济社会发展的重要指导方针，发展中国特色社会主义必须坚持和贯彻的重大战略思想。

2012年11月党的十八大通过的《中国共产党章程（修正案）》，把科学发展观同马克思列宁主义、毛泽东思想、邓小平理论、"三个代表"重要思想一道，正式确立为党必须长期坚持的指导思想。

习近平新时代中国特色社会主义思想

习近平新时代中国特色社会主义思想，是以习近平同志为主要代表的中国共产党人所创立的。这一思想回答了新时代坚持和发展什么样的中国特色社会主义、怎样坚持和发展中国特色社会主义这个重大时代课题，是马克思主义中国化的最新成果，是全党全国人民为实现中华民族伟大复兴而奋斗的行动指南。

2017年10月，党的十九大正式提出了习近平新时代中国特色社会主义思想，大会通过的《中国共产党章程（修正案）》，把习近平新时代中国特色社会主义思想同马克思列宁主义、毛泽东思想、邓小平理论、"三个代表"重要思想、科学发展观一道确立为党的行动指南，实现了党的指导思想的又一次与时俱进。

习近平新时代中国特色社会主义思想涵盖经济、政治、法治、科技、文化、教育、民生、民族、宗教、社会、生态文明、国家安全、国防和军队、"一国两制"和祖国统一、统一战线、外交、党的建设等各个方面。其中最重要、最核心的内容就是党的十九大报告概括的"八个明确"和"十四个坚持"。

习近平新时代中国特色社会主义思想是当代中国马克思主义、21世纪马克思主义，是全党全国人民为实现中华民族伟大复兴而奋斗的行动指南，是经过实践检验、富有实践伟力的强大思想武器，必须长期坚持并不断发展。

2018年3月11日下午，第十三届全国人民代表大会第一次会议表决通过宪法修正案，正式将科学发展观、习近平新时代中国特色社会主义思想写入宪法，确立为国家指导思想。

理论创新是理论的生命之所在。社会是发展的，时代是变化的，任何一种理论都应该随着社会的发展、时代的变化而不断创新，否则，它就会失去生命的活力，成为历史的陈迹。马克思主义理论也是如此。马克思主义理论的生命力，就在于它在实践中能够不断创新。

在长期的革命、建设和改革的实践中，我党始终注意马克思主义理论的创新与发展，并由此产生了毛泽东思想、邓小平理论、"三个代表"重要思想、科学发展观和习近平新时代中国特色社会主义思想,从而丰富和发展了马克思主义理论。

正是因为有了马克思主义中国化的成果作为中国共产党的指导思想,中国共产党才得以从小到大,由弱到强,在腥风血雨中一次次地绝境重生,在攻坚克难中不断地从胜利走向更大的胜利,实现了民族独立、人民解放,实现了国家富强和人民幸福。救了国,兴了国,强了国。

中国共产党现在虽然已经百年,却青春依旧,正在继续进行伟大斗争,推进伟大事业,建设伟大工程,以实现中华民族伟大复兴的伟大梦想。

坚定理想信念，风雨如晦不动摇

马克思主义是中国共产党的坚定信仰，社会主义和共产主义是中国共产党的奋斗目标。为了马克思主义的信仰、为了社会主义和共产主义的奋斗目标，中国共产党带领全国人民经过浴血奋斗、艰苦奋斗、忘我奋斗、不懈奋斗，终于使中国实现了从站起来到强起来、富起来的伟大飞跃。

中国共产党人的远大理想

理想，是对美好未来有根据、合理的设想，古人称之为"志"。我国自古以来就有重视理想的传统，认为"一息尚存，此志不容稍懈"，把理想与生命等同视之。

中国共产党的最高、远大理想是实现共产主义，这也是人类历史上最崇高的社会理想。

共产主义理想不是代表着少数人或某些小集团的利益，它代表着全人类的根本利益。在共产主义社会，生产力高度发达，物质财富极大丰富，人类精神文明达到最高的境界。

共产主义是最进步也是最合理的社会制度。这种社会制度，是区别于任何别的社会制度的。毛泽东在《新民主主义论》中指出，共产主义"是自有人类历史以来，最完全最进步最革命最合理的"[1]。"中国自有科学的共产主义以来，人们的眼界是提高了，中国革命也

---

[1] 毛泽东：《新民主主义论》(1940年1月)，《毛泽东选集》第2卷，北京：人民出版社1991年版，第686页。

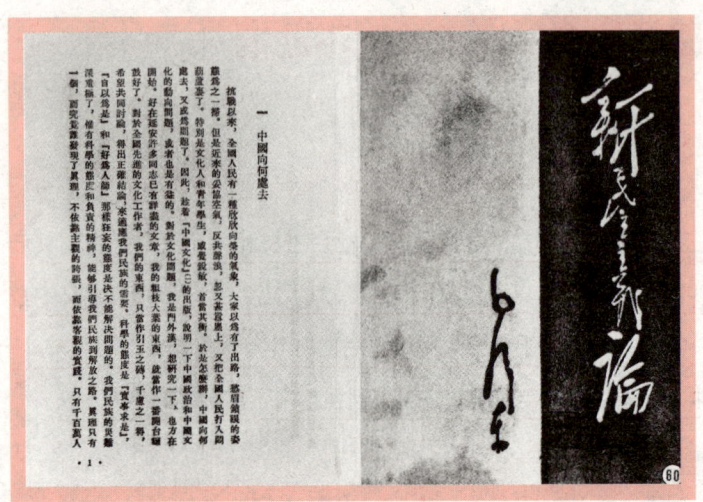

▲ 1940年1月，毛泽东发表了《新民主主义论》，说明了中国共产党对中国革命的见解，回答中国向何处去的问题。左图为这篇著作的开头部分。右图为最早在延安出版的《新民主主义论》单行本封面。（新华社发）

改变了面目。""现在的世界，依靠共产主义做救星；现在的中国，也正是这样。"①

共产主义社会的实现，标志着全人类的彻底解放。在共产主义社会，没有阶级对立，没有贫富差距，没有城乡之间、工农之间以及脑力劳动与体力劳动之间的差别，人们"各尽所能，按需分配"，每个人都过着幸福快乐而有尊严的生活。

---

① 毛泽东：《新民主主义论》（1940年1月），《毛泽东选集》第2卷，北京：人民出版社1991年版，第686页。

第一章　以坚定的理想信仰来固本铸魂

我国各族人民的共同理想

习近平总书记在十九大报告中指出:"革命理想高于天。共产主义远大理想和中国特色社会主义共同理想,是中国共产党人的精神支柱和政治灵魂,也是保持党的团结统一的思想基础。要把坚定理想信念作为党的思想建设的首要任务,教育引导全党牢记党的宗旨,挺起共产党人的精神脊梁,解决好世界观、人生观、价值观这个'总开关'问题,自觉做共产主义远大理想和中国特色社会主义共同理想的坚定信仰者和忠实践行者。"①

第一,只有社会主义才能救中国。自1840年鸦片战争以来,无数仁人志士,为了中华民族的伟大复兴,前赴后继进行了无数的斗争,但都以失败而告终,是中国共产党用社会主义拯救了中国,使中华民族开始了伟大的复兴。然而,在现实生活中,有人曾对社会主义道路的选择产生过怀疑和动摇。对此,邓小平同志在1984年6月30日会见第二次中日民间人士会议日方委员会代表团时坦诚地谈道:

人们提出这样一个问题,如果中国不搞社会主义,而走资本主义道路,中国人民是不是也能站起来,中国是不是也能翻身?让我们看看历史吧。国民党搞了二十几年,中国还是半殖民地半封建社会,证明资本主义道路在中国是不能成功的。中国共产党人坚持马克思主义,坚持把马克思主义同中国实际结合起来的毛泽东思想,走自己的道路,也就是农村包围城市的道路,把中国革命搞成功了。

---

① 习近平:《决胜全面建成小康社会　夺取新时代中国特色社会主义伟大胜利——在中国共产党第十九次全国代表大会上的报告》(2017年10月18日),新华社,2017年10月27日。

如果我们不是马克思主义者,没有对马克思主义的充分信仰,或者不是把马克思主义同中国自己的实际相结合,走自己的道路,中国革命就搞不成功,中国现在还会是四分五裂,没有独立,也没有统一。……建国以后,我们从旧中国接受下来的是一个烂摊子,工业几乎等于零,粮食也不够吃,通货恶性膨胀,经济十分混乱。我们解决吃饭问题,就业问题,稳定物价和财经统一问题,国民经济很快得到恢复,在这个基础上进行了大规模经济建设。靠的是什么?靠的是马克思主义,是社会主义。人们说,你们搞什么社会主义!我们说,中国搞资本主义不行,必须搞社会主义。如果不搞社会主义,而走资本主义道路,中国的混乱状态就不能结束,贫困落后的状态就不能改变。所以,我们多次重申,要坚持马克思主义,坚持走社会主义道路。①

邓小平同志的这段讲话,更加深了我们对坚持社会主义共同理想的必要性的理解。

第二,只有社会主义才能发展中国。社会主义制度的建立,为我国社会生产力的发展和社会的进步提供了可靠的保证。中华人民共和国建立以来,我们的社会主义国家,开出了第一台"解放",把贫油的帽子扔进了太平洋……天宫、蛟龙、天眼、悟空、墨子、大飞机等重大科技成果相继问世。这一切的一切,都说明了"只有社会主义才能发展中国",是走向现代化的必由之路。

第三,社会主义是现阶段我国各族人民的共同理想。在现阶段,我国各族人民的共同理想,就是建设中国特色社会主义,把我国建

---

① 邓小平:《建设有中国特色的社会主义》(1984年6月30日),《邓小平文选》第3卷,北京:人民出版社1993年版,第62—63页。

设成为富强、民主、文明、和谐、美丽的社会主义现代化国家,实现中华民族的伟大复兴。

历史和现实都证明,对于经济文化相对落后、人口众多的中国来说,只有在社会主义制度下才能实现这一共同理想。因为社会主义集中体现着国家和各族人民的根本利益。社会主义的所有制形式,是"公有制占主体",它的根本任务,是"解放生产力,发展生产力",它的基本目标是"消灭剥削,消除两极分化,最终达到共同富裕"。

事实证明:"只有社会主义才能救中国,只有社会主义才能发展中国"。

理想信念是共产党人精神上的"钙"

习近平指出:"理想信念就是共产党人精神上的'钙',没有理想信念,理想信念不坚定,精神上就会'缺钙',就会得'软骨病'。"他还强调:"没有一大批具有坚定共产主义理想的中华儿女,就没有中国共产党,也就没有新中国,更没有今天我国的发展进步。要把我国发展得更好,离不开理想信念的力量。我们共产党人锤炼党性,首要的就是坚定共产主义远大理想和中国特色社会主义共同理想。"[1]

共产主义远大理想和中国特色社会主义共同理想是团结全党全国人民共同奋斗的目标旗帜,100年来,中国共产党就是靠着这一目标,用这坚定的信念把中国人民团结起来,为人民自己的利益而奋斗。

有远大的理想,才能永远保持前进的勇气和方向。对马克思主

---

[1] 习近平:《在纪念邓小平同志诞辰110周年座谈会上的讲话》(2014年8月20日),《人民日报》,2014年8月21日。

义的信仰，对社会主义和共产主义理想的不懈追求，是中国革命赢得胜利、中国社会经济发展取得举世瞩目成就的一种精神动力，也是中国共产党永葆先进性的根基。

理想要靠矢志不渝追求才能得以实现

张闻天同志在《论青年的修养》一文中说过这样一段话，共产主义理想"需要几十年以至上百年的奋斗与工作。不但这样，在奋斗与工作的过程中还必然要碰到无数的困难与波折，有时甚至看来似乎是不能克服以至绝望的困难。所以不论在任何困难之下，坚持自己的理想，坚持为自己理想的实现而奋斗，是绝对必要的。没有这种坚持性，任何的理想也都不能实现。"

◀ 图为张闻天像。（新华社资料照片）

张闻天同志的这段话告诉我们,要想到达理想的彼岸,必须进行坚持不懈的努力,矢志不渝地为之奋斗。在奋斗中,理想也不会是一帆风顺就能实现的。有风雨,有雷霆,有艰难险阻,甚至还要付出生命的代价。

这就要求中国共产党人有信念追求。信念,是对一种理想目标的向往并为之奋斗和献身的不懈追求。中国共产党人是有着建设中国特色社会主义,实现中华民族伟大复兴,并最终实现共产主义理想的信念的。正是这种信念的追求,让中国共产党人不懈奋斗,在奋斗中青春永驻,先进性长存。

第二章

坚持人民至上，牢记初心和使命

坚持人民至上，牢记为中国人民谋幸福，为中华民族谋复兴的初心和使命，是中国共产党对待人民群众的根本政治立场，是中国共产党持之以恒的价值理念和最高价值遵循，也是中国共产党百年青春依旧、一直保持着先进性的奥秘所在。

一切为了人民群众

中国共产党为什么能历经百年却一直保持着先进性？一个重要的奥秘，就是中国共产党一切为了人民群众，一切从人民的利益出发；中国共产党全心全意为人民群众谋利益、为人民群众谋幸福，为中华民族谋复兴。

一切从人民的利益出发

一切从人民的利益出发，是中国共产党一直秉持的优良传统，是中国共产党的出发点。早在1945年4月24日党的七大会议上，毛泽东就明确指出：

我们共产党人区别于其他任何政党的又一个显著的标志，就是和最广大的人民群众取得最密切的联系。全心全意地为人民服务，一刻也不脱离群众；一切从人民的利益出发，而不是从个人或小集团的利益出发；向人民负责和向党的机关负责的一致性，这就是我们的出发点。①

一切从人民的利益出发，就是把人民群众放在心中最高位置。请看黄克诚将军的一段往事：

黄克诚同志在抗日战争时期，从1940年到1945年都在苏北盐

---

① 毛泽东：《论联合政府》（1945年4月24日），《毛泽东选集》第3卷，北京：人民出版社1991年版，第1094—1095页。

第二章 坚持人民至上，牢记初心和使命

▶ 黄克诚曾任中央军委秘书长，解放军总参谋长，中央纪委第二书记等职，1955 年被授予大将军衔。（新华社资料照片）

阜地区领导新四军三师对敌伪军战斗。他当时是三师师长兼政委。盐阜区的几百万人民，至今还称他为"我们的黄师长"。

1943年春节前夕，日伪军步、骑、炮、空几万人对苏北抗日根据地进行"大扫荡"。三师师部为了跳出敌人的合击圈，决定从淤黄河南撤退到河北。河上用几十条小木船临时架起了一座船桥。从阜宁县城西进，经东沟、益林北上的敌人已逼近淤黄河，枪声、炮声越来越近。这时，淤黄河南几个村子的数百名老百姓也牵牛抱鸡、扶老携幼地拥挤在河边，急于要过河。但河水齐胸，老幼难行，船桥也只能一个人一个人地单行。这时，师部人员的大多数还在河南，未及过去。黄师长也在河南船桥口上，只听他大喝一声："部队停止，先让老百姓过桥！"他站立岸上，亲自指挥部队让路。枪声越来越密集了，炮弹已打到河里，轰起了水花阵阵。指战员见黄师长如此坚定，也就没有一个人与民争渡，都闪在一边，让老百姓先过，并指挥老百姓有秩序地过桥，以免拥挤落水。经过半个小时左右，

老百姓全部安全过了桥,师部的人员才过桥。[1]

《中国共产党章程》明确规定:"中国共产党党员永远是劳动人民的普通一员。除了法律和政策规定范围内的个人利益和工作职权以外,所有共产党员都不得谋求任何私利和特权。"

正因为中国共产党一切从人民的利益出发,全心全意为人民服务,把人民群众放在心中最高位置,所以得到了人民群众真心实意的拥护。

真正的铜墙铁壁

"真正的铜墙铁壁是什么?是群众,是千百万真心实意地拥护革命的群众。这是真正的铜墙铁壁,什么力量也打不破的,完全打不破的。"[2] 这是毛泽东的著名论断。

革命战争时期,中国共产党就是依靠人民群众的支持,取得了革命战争的胜利。

"1932年春,前线战事吃紧,红军供给缺乏,一些红军战士甚至打着赤脚战斗,严重影响战斗力。

"瑞金市武阳镇武阳村的草鞋匠邱娣夫妇组织10个人编草鞋,在不到三年的时间里共编成7.6万双草鞋,全都送到了前线部队。其中,在红军长征出发前,邱娣更是组织了20多名妇女,日夜赶制出1700多双草鞋。许多妇女因不停地揉麻绳,手心都磨出了血泡。"[3]

当年,老区人民"最后一粒粮,拿去缴公粮;最后一床被,盖

---

[1] 王迎力:《先让老百姓过桥》,《人民日报》,2015年10月22日。
[2] 毛泽东:《关心群众生活,注意工作方法》(1934年1月27日),《毛泽东选集》第1卷,北京:人民出版社1991年版,第139页。
[3] 刘斐:《真正的铜墙铁壁》,新华网,2019年6月14日。

▲ 据统计，三大战役共动员支前民工 880 余万人次，人民群众出动支前的大小车辆 141 万辆，担架 36 万余副，牲畜 260 余万头，粮食 4.25 亿公斤。在千里运输线上，奔流着一支亘古罕见的支前大军，他们冒着枪林弹雨，忍着风雪饥寒，依靠人力和落后的工具，翻山越岭，破冰渡河，谱写着一曲人民战争的动人凯歌，涌现出许多感人事迹和无数的英雄模范。图为活跃在山东解放区的民工支前小车队。（新华社资料照片）

在担架上；最后一个儿女，送到咱队伍上"。江西瑞金沙洲坝的杨荣显老人有八个儿子，为了红色政权，他把儿子们先后送到部队，并全都牺牲在战场上。

正是在人民群众的鼎力支持之下，我党夺取了政权。

陈毅同志说，淮海战役的胜利，是老百姓用小推车推出来的。据有关资料记载，淮海战役期间，共有支前民工（包括随军民工、二线转运民工和后方临时民工）543 万人，担架 20.6 万副，大小车辆 88.1 万辆，挑子 30.5 万副，牲畜 76.7 万头，船 8539 只，汽车 257 辆，向前线运送弹药 1460 万斤、筹运粮食 9.6 亿斤，向后方转运伤员 11 万余名。

而"渡江战役的胜利,是靠老百姓用小船划出来的"。渡江战役"共动员船只5万多条,参战船工19万余人,可以说是做到了应征即征、应有尽有。安徽是渡江战役主战场,江淮地区的沿江各县是渡江作战的重要基地。据统计,仅无为县就征集船只多达5000余条、船工2000多人,其他多个县各征船上千条、船工数千人"。①

希腊神话中有一个巨人叫安泰。他是大地女神盖亚和海神波塞冬的儿子,居住在利比亚。

安泰力大无穷,而且只要他与大地保持着密切接触,他就是不可战胜的。安泰的对手赫拉克勒斯发现了他的这个秘密,就把安泰举到空中,让他无法从大地盖亚那里获取力量,最后把他给扼死了。

刘少奇多次借用古希腊神话中安泰的故事来告诫党员干部不要脱离群众。

1942年4月,刘少奇针对当时一些地方党的工作中存在的群众观念薄弱问题,给干部作演讲时谈到了这个问题。他说:"我们脱离了母亲——群众,就会同安泰一样,随时可能被人扼死。"

1948年10月2日,刘少奇在对华北记者团的谈话中,又一次谈到安泰的故事,他说:

我们党必须和广大群众保持密切的联系,如果和群众联系不好,就要发生危险,就会像安泰一样被人扼死。共产党人也会被人扼死的哩!党什么也不怕,就怕这一项!美帝国主义我们是从来不怕的,原子弹,我们也是不怕的。……但是,我们就是怕脱离群众。②

---

① 尹洁:《渡江"小船"的磅礴力量》,《学习时报》,2020年10月16日。
② 刘少奇:《对华北记者团的谈话》(1948年10月2日),《刘少奇选集》上卷,北京:人民出版社1981年12月版,第397页。

《中国共产党章程》指出："我们党的最大政治优势是密切联系群众，党执政后的最大危险是脱离群众。党风问题、党同人民群众联系问题是关系党生死存亡的问题。"①

由此可知，中国共产党对密切联系人民群众的重要性有着深刻而正确的认知。

给人民看得见的物质福利

早在1942年12月，毛泽东在《经济问题与财政问题》一文中就说过：

一切空话都是无用的，必须给人民以看得见的物质福利。……我们的第一个方面的工作并不是向人民要东西，而是给人民以东西。我们有什么东西可以给予人民呢？……就是组织人民、领导人民、帮助人民发展生产，增加他们的物质福利，并在这个基础上一步一步地提高他们的政治觉悟与文化程度。②

中国共产党在为中国人民谋幸福、为中华民族谋复兴的奋斗过程中，始终注意给人民群众看得见的物质利益。从党诞生到发展壮大莫不如此。

第一，进行土地革命，维护农民根本利益。中国革命的根本问题是农民问题。1926年9月1日，毛泽东在编辑《农民问题丛刊》

---

① 《中国共产党章程》，《人民日报》，2017年10月29日。
② 毛泽东：《必须给人民看得见的物质福利》(1942年12月)，《毛泽东著作选读》下册，北京：人民出版社1986年版，第563—564页。

第1辑时，写了一篇题为《国民革命与农民运动》的序言。他在序言中指出："农民问题乃国民革命的中心问题，农民不起来参加并拥护国民革命，国民革命不会成功；农民运动不赶速地做起来，农民问题不会解决；农民问题不在现在的革命运动中得到相当的解决，农民不会拥护这个革命。"

而农民问题的关键是土地问题。1936年，毛泽东在延安会见美国作家斯诺时说："谁赢得了农民，谁就会赢得了中国，谁解决土地问题，谁就会赢得农民。"

正是基于这种认知和判断，中国共产党从开始领导农民武装起义时起，就把土地革命作为建立和巩固红色政权的一个重要环节，作为维护最广大农民利益的重要途径和方法。

1931年春，毛泽东同志总结土地革命的经验，制定出一条完整的土地革命路线，即依靠贫农、雇农，联合中农，限制富农，保护中小工商业者，消灭地主阶级，变封建半封建的土地所有制为农民的土地所有制。

为了保证土地革命的顺利进行，县、区、乡各级都建立了土地委员会。土地委员会调查土地和人口，划分阶级，发动群众清理地主的财产，将田契、债约和账簿焚毁，把牲畜、房屋分给贫雇农家庭；土地委员会还对土地进行测量，重新进行界定分配。

土地革命使广大的贫雇农家庭政治上翻了身，经济上分到了土地，生活上得到了保障。因此，他们积极参军参战，支援共产党闹革命。湘鄂赣革命根据地，仅半年之内，参加红军的翻身农民达3万多人。鄂豫皖革命根据地的黄安七里坪的一个招兵站，一天就招收800名农民入伍。

抗日战争时期，中国共产党制定了减租减息政策。减租减息，是减轻农民所承受的地租和高利贷剥削而不改变地主土地所有制的一种土地政策。中国共产党于1942年1月颁布的《关于抗日根据地土地政策的决定》，就是关于减租减息的纲领性文件。

减租减息在一定程度上改善了农民的生活状况，既调动了他们的革命和生产的积极性，又照顾了地主、富农的利益。

西柏坡时期，中国共产党于1947年7月17日至9月13日在西柏坡召开了中国共产党全国土地会议，会议通过了《中国土地法大纲》，大纲中明确提出了"废除封建性及半封建性的土地制度，实行耕者有其田的土地制度"。"分配给人民的土地，由政府发给土地所有证，并承认其自由经营、买卖及在特定条件下出租的权利。土地制度改革以前的土地契约及债约，一律缴销"。这项政策的规定实施，使广大农民拥有了属于自己的土地，他们充分相信中国共产党是代表最广大人民群众的利益，并为人民群众谋利益的党。随后又开展了疾风暴雨似的土改运动。

获得了土地的农民真心实意地拥护中国共产党，积极参军参战，保家保田，有力地推动了战争的顺利进行，为解放战争在全国的胜利提供了源源不断的人力和物力保证。

新中国建立初期，党又在新解放区领导农民进行了改革土地制度的革命斗争。1950年1月24日，中共中央发出指示，开始在新解放区实行土改运动的准备工作。1950年6月14—23日，中国人民政治协商会议在北京举行，刘少奇在会议上，代表中共中央作了《关于土地改革问题的报告》（以下简称《报告》），《报告》阐明了土地改革的重大意义和党的方针政策。

1950年6月30日，中共中央人民政府正式公布《中华人民共和国土地改革法》。

▲ 图为1950年浙江省嘉兴镇东乡农民土改胜利完成后，农民高彩官和家人一起看领到的土地证。（新华社资料照片）

中共中央规定的土地改革的总路线和总政策是：依靠贫农、雇农，团结中农，中立富农，有步骤地有分别地消灭封建剥削制度，发展农业生产。

据统计，土地改革使全国大约有3亿多无地和少地的农民分得了大约7亿亩土地和其他一些生产资料。

第二，制定大政方针，推动发展社会生产。党在苏维埃执政之初，就清晰地认识到苏区经济建设对作为中心任务的革命战争的重要性，要求大力发展生产，改善劳苦大众的生活水平。

1931年11月7—20日举行的中华工农兵苏维埃第一次全国代表大会通过了《中华苏维埃共和国关于经济政策的决定》（以下简称《决定》），《决定》是苏区社会经济发展的政策依据。

▶ 1937年8月22日，中共中央在陕北洛川召开政治局扩大会议。会议做出了《关于目前形势与党的任务的决定》，制定了《抗日救国十大纲领》。图为洛川会议旧址内景。（新华社发）

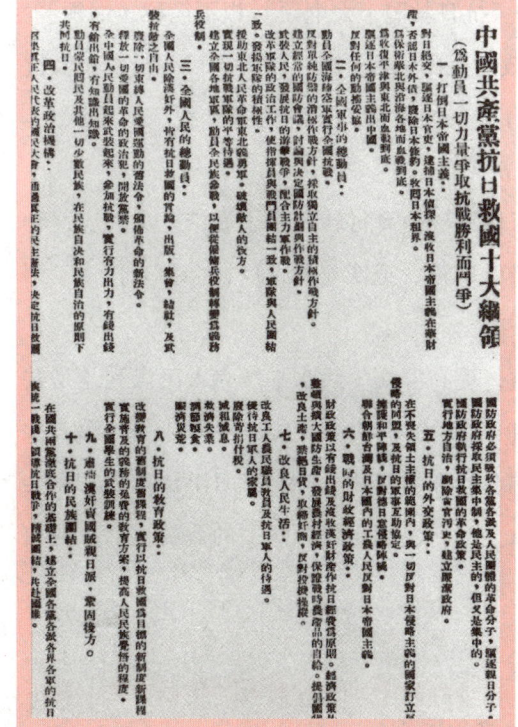

◀ 图为洛川会议上通过的《抗日救国十大纲领》。（新华社发）

1933年8月，毛泽东在江西南部17县经济建设工作会议上发表了题为《必须注意经济工作》的重要讲话。讲话中阐明的关于经济建设的思想，指导了苏区经济建设的发展。

延安时期，党从抗日救国的大局出发，提出、制定了一系列的经济原则和经济政策。

1937年8月22—25日中国共产党在陕西省洛川县城北10公里处的红军指挥部驻地冯家村召开了中共中央政治局扩大会议，史称"洛川会议"。

会议决定，在国民党统治区放手发动抗日的群众运动，争取全国人民应有的政治经济权利，以减租减息作为抗日战争时期解决农民问题的基本政策。

会议还通过了著名的《抗日救国十大纲领》（以下简称《纲领》）。

《纲领》之七，强调改良人民生活：改良工人农民职员教员及抗日军人的待遇。优待抗日军人的家属。废除苛捐什税。减租减息。救济失业。调节粮食。赈济灾荒。

西柏坡时期，党的工作重心由乡村转移到了城市。党顺应这种变化，及时调整了大政方针政策，把恢复和发展社会生产作为"第一要务"。

第三，为人民谋利益，提高群众生活水平。为人民谋利益是共产党全部活动的出发点和归宿。1934年1月21—2月1日，第二次全国苏维埃代表大会在瑞金沙洲坝召开。1月27日毛泽东同志在会上发表了题为《关心群众生活，注意工作方法》的重要讲话，他在讲话中指出：

如果我们单单动员人民进行战争，一点别的工作也不做，能不

能达到战胜敌人的目的呢？当然不能。我们要胜利，一定还要做很多的工作。领导农民的土地斗争，分土地给农民；提高农民的劳动热情，增加农业生产；保障工人的利益；建立合作社；发展对外贸易；解决群众的穿衣问题，吃饭问题，住房问题，柴米油盐问题，疾病卫生问题，婚姻问题。总之，一切群众的实际生活问题，都是我们应当注意的问题。假如我们对这些问题注意了，解决了，满足了群众的需要，我们就真正成了群众生活的组织者，群众就会真正围绕在我们的周围，热烈地拥护我们。①

毛泽东同志在讲话中还郑重地提出：

我们应该深刻地注意群众生活的问题，从土地、劳动问题，到柴米油盐问题。妇女群众要学习犁耙，找什么人去教她们呢？小孩子要求读书，小学办起了没有呢？对面的木桥太小会跌倒行人，要不要修理一下呢？许多人生疮害病，想个什么办法呢？一切这些群众生活上的问题，都应该把它提到自己的议事日程上。应该讨论，应该决定，应该实行，应该检查。要使广大群众认识我们是代表他们的利益的，是和他们呼吸相通的。②

苏区党和苏维埃工作人员以及广大的红军指战员始终牢记党的宗旨，按照毛泽东的要求去做。比如，江西长冈乡有一个贫苦农民

---

① 毛泽东：《关心群众生活，注意工作方法》（1934年1月27日），《毛泽东选集》第1卷，北京：人民出版社1991年版，第136—137页。
② 毛泽东：《关心群众生活，注意工作方法》（1934年1月27日），《毛泽东选集》第1卷，北京：人民出版社1991年版，第138页。

▲ 大生产运动,是延安军民开展的以自给为目标的大规模生产自救运动。主要开展农业生产,兼办工业、手工业、运输业、畜牧业和商业。党政机关、部队、学校普遍参加生产运动,逐步达到粮食、经费自给、半自给或部分自给。图为八路军359旅在南泥湾开荒的情景。(新华社发)

被火烧掉了一间半房子,乡政府就发动群众捐钱帮助他。有三个人没有饭吃,乡政府和互济会就马上捐米救济他们。

正因为中国共产党能够诚心实意地为人民群众谋取利益,才赢得了人民群众的支持。比如"长冈乡青年壮年男子百个人中有八十个当红军去了",长冈乡的群众说:"共产党真正好,什么事情都替我们想到了。"

党在延安时期,也是始终把人民群众的物质利益放在首位,为人民群众谋利益。在党的领导下,边区政府制定了一系列的休养民力、发展经济、改善民生的方针政策。比如,通过卫生防疫和义务教育,老百姓实现了看病和孩子上学不出钱的愿望。党还采取了减粮减税、精兵简政、厉行节约、开展大生产运动等措施,来减轻群

第二章 坚持人民至上，牢记初心和使命

▲ 右图：广西大化瑶族自治县板升乡弄勇村弄顶屯的孩子们扛着生活用具艰难跋涉去上学（2012年9月3日摄）；左图：水泥公路已经从学校修通到家门口（2017年1月11日摄）。学校的条件也得到改善，配置了棉被、席子、饭盒等生活用具，孩子们不用在开学和放假时背着行囊在崎岖的山路上攀爬。（新华社记者 黄孝邦 摄）

众负担，维护群众的利益。这一系列的措施，让人民群众得到了实惠，党也因此获得了群众的支持和拥护。

这是中国共产党的革命和局部执政时期的做法，建立新中国之后，共产党牢记初心使命，依然把人民群众对美好生活的向往作为奋斗目标。

尤其是改革开放以来，中国共产党"全面推进幼有所育、学有所教、劳有所得、病有所医、老有所养、住有所居、弱有所扶，不断改善人民生活、增进人民福祉。全国居民人均可支配收入由171元增加到2.6万元，中等收入群体持续扩大。我国贫困人口累计减少7.4亿人，贫困发生率下降94.4个百分点，谱写了人类反贫困史上的辉煌篇章。教育事业全面发展，九年义务教育巩固率达93.8%。我国建成了包括养老、医疗、低保、住房在内的世界最大的社会保障体系，基本养老保险覆盖超过9亿人，医疗保险覆盖超过13亿人。常住人口城镇化率达到58.52%，上升40.6个百分点。居民预期寿命由1981年的67.8岁提高到2017年的76.7岁"。[1] 曾经忍饥挨饿、缺吃少穿、生活困顿这些几千年来困扰我国人民的问题总体上一去不复返了！

---

[1] 习近平：《在庆祝改革开放40周年大会上的讲话》，新华网，2018年12月18日。

江山就是人民，人民就是江山

历史是人民书写的，人民群众是社会物质财富和精神财富的创造者，是社会变革的决定力量，在创造历史过程中发挥着决定作用。人民与江山之间的辩证关系，闪耀着历史唯物主义的真理光芒。新中国的发展进步绝不是从天上掉下来的，是党和人民想在一起、干在一起，是一代又一代中国人用自己的双手接力奋斗创造出新的局面。

必须坚持人民的历史主体地位

"人民，只有人民，才是创造世界历史的动力。"人民群众是我党的力量源泉和胜利之本。人民群众是历史的创造者，是推动历史前进的决定性力量，也是我党的阶级基础和社会基础。没有人民群众的参加，我们就不可能有强大的党的队伍；没有人民群众的支持，我们就不可能取得革命、建设和改革开放的胜利。

人民群众的实践是我党制定路线方针政策的基础。辩证唯物主义认为，实践是认识的唯一源泉，实践也是认识发展的动力和检验认识是否正确的标准。然而，实践只能是社会的实践，人民群众的实践。

人民群众既是实践的主体，又是认识的主体。正确地认识世界是千百万人民群众的事业，不是哪一个人能够独立完成的。正是本着马克思主义认识论的这一基本观点，群众路线成了我党根本的政治路线和根本的组织路线，成了我党的一种重要的思想作风、工作作风和工作方法。

事实说明，我们以往取得的任何成就，都是人民群众智慧和实践的结晶，都是人民群众共同努力奋斗的结果。

如今我党肩负着率领全国人民实现中华民族伟大复兴的中国梦的艰巨任务，更加需要人民群众的积极性、主动性和创造性的发挥。

为此，党员干部要相信人民群众。人民群众是历史的创造者，是社会发展的最终决定力量，在人民群众中蕴藏着无穷的智慧，依靠群众的智慧和力量是我们推进中国特色社会主义现代化建设事业的根本工作路线。

中国共产党从诞生之日起，就将群众路线作为党的根本路线。党的二大通过的决议，要求党的一切运动必须深入到群众当中去。

1929年9月，周恩来主持起草的《中共中央给红军第四军前委的指示信》，专节论述了红军与群众的关系，要求红军革命运动"不要由红军单独去干"，而"要经过群众路线"。

1943年6月，毛泽东同志在为中共中央所写的决定中，科学地、全面地论述了群众路线的内容和实施步骤，他指出：

在我党的一切实际工作中，凡属正确的领导，必须是从群众中来，到群众中去。这就是说，将群众的意见（分散的无系统的意见）集中起来（经过研究，化为集中的系统的意见），又到群众中去作宣传解释，化为群众的意见，使群众坚持下去，见之于行动，并在群众行动中考验这些意见是否正确。然后再从群众中集中起来，再到群众中坚持下去。

正是因为我党坚持了群众路线，使得我党团结了最广大的人民群众，取得了新民主主义革命的彻底胜利，建立了社会主义的新中国。而在当前，坚持党的群众路线，对于我们长期执政的中国共产党来说，依然具有特殊重要的意义。

我党经过长期执政，一些党员干部脱离群众的倾向有所滋长。他们高高在上，不深入基层，不深入群众，对群众的疾苦视而不见，对群众的呼声充耳不闻；他们骄傲、专横、鲁莽、自作聪明，有事不同群众商量，把自己的意见强加于人，为了自己的威信而坚持错误。这种状况给党和人民的事业带来了很大的损失。正像2014年3月18日，习近平总书记在兰考县委常委扩大会议上所指出的："现在，脱离群众的现象在某些方面比10年前、20年前、30年前更突出了。问题出在哪儿？不能不引起我们沉思！我看主要是一些党员、干部宗旨意识淡薄了，对群众的感情变化了，作风问题突出了。如果群众观点丢掉了，群众立场站歪了，群众路线走偏了，群众眼里就没有你。古罗马历史学家塔西佗提出了一个理论，说当公权力失去公信力时，无论发表什么言论、无论做什么事，社会都会给以负面评价。这就是'塔西佗陷阱'。"

党员干部必须克服这种脱离群众的作风，坚持群众路线。这就是说，党员干部要深入基层，深入群众，依靠群众，相信群众，虚心向群众学习，想群众之所想，急群众之所急，为群众办实事、办好事。

党员干部应该记住邓小平同志的话："群众是我们力量的源泉，群众路线和群众观点是我们的传家宝。党的组织、党员和党的干部，必须同群众打成一片，绝对不能同群众相对立。如果哪个党组织严重脱离群众而不能坚决改正，那就丧失了力量的源泉，就一定要失败，就会被人抛弃。全党同志，各级干部，特别是领导干部，必须经常记住这一点，经常用这个标准检查自己的一切言行。"

为人民群众谋利益

党员干部不仅要坚持尊重人民的历史主体地位，还要为人民群众谋利益。要把为人民谋利益作为我们想问题、办事情的出发点和落脚点。

我们常讲："得民心者得天下，失民心者失天下。"什么决定民心的向背呢？简单说来，一句话，利益、需求的得失，决定着民心的向背。

中国共产党发动农民群众起来闹革命的政治宣传口号，是"打土豪，分田地"。正是这"六个大字"，唤起了中国广大的劳苦大众，他们在这种能得到实际利益的过程中，义无反顾地跟着中国共产党去浴血奋战，直到取得革命的最后胜利。

对此，马克思曾经深刻地指出："人们奋斗所争取的一切，都同他们的利益有关。"

为人民谋利益，就要人民的利益高于一切、人民的疾苦急于一切、人民的呼声先于一切。如果不能为人民谋利益，就将失去人民群众的信任、支持与追随。罗马尼亚共产党总书记齐奥塞斯库倒台的事实就证明了这一点。

在齐奥塞斯库倒台之前，罗马尼亚连续七个年头，冬季居民供暖每天不超过4个小时。1989年冬季，罗马尼亚每个居民每日只配给300克面包，一个月一斤肉，200克乳酪，一磅食用油，一公斤糖。在很多地区连这些供应也不能保证。

齐奥塞斯库夫妇在逃亡的路上，曾经问一位工人："你们为什么要推翻我们？"那位工人告诉他："因为一没有面包，二没有暖气。"

齐奥塞斯库之所以倒台，原因有多种，但不能满足民众的需求，不能为民众谋利益，则是一个重要的原因。

习近平总书记在十九大报告中指出："我们党来自人民、植根人民、服务人民，一旦脱离群众，就会失去生命力。加强作风建设，必须紧紧围绕保持党同人民群众的血肉联系，增强群众观念和群众感情，不断厚植党执政的群众基础。凡是群众反映强烈的问题都要严肃认真对待，凡是损害群众利益的行为都要坚决纠正。"

尊重民权、顺应民意、维护民利

百年来，中国共产党经历了风雨如磐，克服了重重困难，不断创造出辉煌壮阔的历史业绩，其中坚持人民至上、顺应民意、尊重民权，是我党永葆先进性的力量之源。我们的党始终倾听人民的呼声，把人民对美好生活的向往作为奋斗目标，通过制定正确的路线、方针、政策让人民群众共享发展成果，确保人民的意愿能够得到真实充分的表达，人民的权益能够得到切实有效的维护。

尊重民权，就是要尊重人民群众的知情权、参与权、表达权、监督权。习近平总书记在十九大报告中强调："我国社会主义民主是维护人民根本利益的最广泛、最真实、最管用的民主。发展社会主义民主政治就是要体现人民意志、保障人民权益、激发人民创造活力，用制度体系保证人民当家作主"，保证人民依法通过各种途径和形式管理国家事务，管理经济文化事业，管理社会事务。

《中国共产党纪律处分条例》第九章第一百一十九条规定："不按照规定公开党务、政务、厂务、村（居）务等，侵犯群众知情权，对直接责任者和领导责任者，情节较重的，给予警告或者严重警告处分；情节严重的，给予撤销党内职务或者留党察看处分。"

顺应民意，就是要把人民群众拥护不拥护、赞成不赞成、高兴不高兴、答应不答应，作为衡量一切工作的根本标准。在具体工作中，党员干部要始终"把人民群众的呼声作为第一信号，把人民群众的需要作为第一选择，把人民群众的利益作为第一考虑"。

维护民利，就是维护和发展最广大人民群众的基本生活权益与民主政治权利。

维护和发展最广大人民群众的基本生活权益，就要保障和改善民生，解决人民群众在就业、教育、医疗、居住、养老等方面面临的难题，要抓住人民最关心最直接最现实的利益问题，完善公共服务体系，保障群众基本生活，多谋民生之利、多解民生之忧，不断满足人民日益增长的美好生活需要，让人民群众幼有所育、学有所教、劳有所得、病有所医、老有所养、住有所居、弱有所扶，安居乐业。

维护和发展最广大人民群众的民主政治权利，就要扩大人民有序政治参与，保证人民依法实行民主选举、民主协商、民主决策、民主管理、民主监督，满足人民群众在民主、法治、公平、正义、安全、环境等方面日益增长的要求，不断促进社会公平正义，形成有效的社会治理、良好的社会秩序，使人民获得感、幸福感、安全感更加充实、更有保障、更可持续。

维护民利，就要坚决遏制损害人民群众利益的行为。《中国共产党纪律处分条例》第九章第一百一十二条规定：有下列行为之一，对直接责任者和领导责任者，情节较轻的，给予警告或者严重警告处分；情节较重的，给予撤销党内职务或者留党察看处分；情节严重的，给予开除党籍处分：

（一）超标准、超范围向群众筹资筹劳、摊派费用，加重群众负担的；

（二）违反有关规定扣留、收缴群众款物或者处罚群众的；

（三）克扣群众财物，或者违反有关规定拖欠群众钱款的；

（四）在管理、服务活动中违反有关规定收取费用的；

（五）在办理涉及群众事务时刁难群众、吃拿卡要的；

（六）有其他侵害群众利益行为的。

在扶贫领域有上述行为的，从重或者加重处分。

这为党员干部损害群众利益的行为列出了负面清单。

把人民至上的执政理念落到实处

百年大党,根基在人民、血脉在人民、力量在人民。2021年2月20日,习近平总书记在党史学习教育动员大会上发表重要讲话时指出,要教育引导全党深刻认识党的性质宗旨,坚持一切为了人民、一切依靠人民,始终把人民放在心中最高位置、把人民对美好生活的向往作为奋斗目标,推动改革发展成果更多更公平惠及全体人民,推动共同富裕取得更为明显的实质性进展,把14亿中国人民凝聚成推动中华民族伟大复兴的磅礴力量。

始终全心全意为人民服务

全心全意为人民服务是我党的根本宗旨,是新时代党员干部必须坚守的行动指南。中国共产党是为人民服务的政党,党的全部历史,就是一部全心全意为人民服务的奋斗史。

1956年11月17日,邓小平同志在接见国际青年代表团时,对他们提出的"中国共产党员的含义是什么"这一问题,做了这样的回答:

中国共产党员的含义或任务,如果用概括的语言来说,只有两句话:全心全意为人民服务,一切以人民利益作为每一个党员的最高准绳。他的目的是实现社会主义、共产主义。

邓小平的话深刻地揭示了共产党人的人生价值观的核心。全心全意为人民服务,无论是过去,还是现在,抑或未来,都应该也必须是每一位党员干部的人生最高追求。

中国共产党是最广大人民群众利益的忠实代表。这种代表的人民性决定了中国共产党必然要把全心全意为人民服务作为自己的根本宗旨。

从根本上来讲，中国共产党是为了适应广大劳苦大众翻身解放过上幸福生活的需要而诞生的。这也是党的存在和奋斗的全部意义，也是党的初心。既然这是党的存在和奋斗的全部意义，是党的初心，那么，全心全意为人民服务就是她的出发点和落脚点。

老一辈无产阶级革命家李先念的一生，就是全心全意为人民服务的一生。他心中始终装着人民群众，把人民的冷暖始终放在心上。

湖北武汉的李次民先生曾经在2012年4月19日的《快乐老年报》上发表过一篇回忆李先念同志的文章。文章说：

李先念是湖北红安人。我曾两次跟着李先念到过红安。1964年4月，他在武汉主持召开中南地区财经工作会议后，回到红安老家，挨家挨户问寒问暖。当他看到一个革命老战士的遗孀，吃的饭是白菜加点儿玉米粉时，话都说不出来，走出厨房自责道："老百姓生活这么苦，我有责任啊！"

晚上回到县城招待所看到餐桌上摆着五菜一汤，盛着鸡鸭鱼肉，李先念顿时板着面孔，批评准备陪他进餐的县委书记和正副县长，说："办这么多菜招待我，我能忍心吃吗？"他叹了口气，接着说："刚才你们随我到了乡下，老百姓过着怎样的日子啊？我很难过和不安。希望大家不要老坐在办公室发号施令，要经常下去走走看看，一定要为老百姓多办实事！"

那些菜，李先念没有动，而是让炊事员给他下了一碗清汤面吃了。

在纪念李先念同志诞辰 100 周年座谈会上，胡锦涛同志讲过这样一段话："李先念同志始终与人民群众同呼吸共命运，表示'一个共产党员，一个革命家，必须永远保持革命热情和奋斗精神，把为人民服务，把改造客观世界，当成自己的天职和应尽的义务'。"他号召全党同志，要"学习李先念同志立党为公、执政为民、全心全意为人民服务的公仆精神"。

始终为人民利益和幸福而努力工作

习近平总书记在党的十九大报告中指出："人民是历史的创造者，是决定党和国家前途命运的根本力量。必须坚持人民主体地位，坚持立党为公、执政为民，践行全心全意为人民服务的根本宗旨，把党的群众路线贯彻到治国理政全部活动之中，把人民对美好生活的向往作为奋斗目标，依靠人民创造历史伟业。"

把人民对美好生活的向往作为奋斗目标，要求党员干部始终为人民利益和幸福而努力工作。

为人民利益和幸福而努力工作，就要着力解决群众的操心事、烦心事，为民谋利、为民尽责；就要装着人民群众，把人民的安危冷暖记在心头；就要了解人民群众的诉求，了解人民群众的疾苦。想人民群众之所想，急人民群众之所急，其一言一行都要符合最广大人民群众的根本利益。

湖北省建始县龙坪乡店子坪村党支部书记王光国就是一位始终为人民利益和幸福而努力工作的人。

王光国所在的龙坪乡店子坪村，四面环山，悬崖林立。村民们外出要攀岩越岭，交通很是不便。

王光国同志担任村党支部书记之后,决定带领群众绝壁凿路,将天堑变通途,改变家乡一穷二白的面貌。

为了打通横亘在村前的悬崖峭壁,6年间,他发扬愚公移山精神,带领村民在悬岩上腰系绳索像荡秋千一样一锤一锤打炮眼儿,如蚂蚁啃骨头一样一铲一镐撬石块,喝山泉水解渴,吃烤土豆充饥,早出晚归,年复一年,累计投入义务工3.5万多人次,开挖土石2.2万余方,终于凿出一条长2.5公里的毛公路。

为修路,他还将自家卖猪攒下的几万元钱全部垫了进去。他也因之而被人们称为"愚公支书"。①

必须坚持党的群众路线

《中国共产党章程》明确指出:"党在自己的工作中实行群众路线,一切为了群众,一切依靠群众,从群众中来,到群众中去,把党的正确主张变为群众的自觉行动。"这段话是对党的群众路线这一概念的最权威的阐释。这一最权威的阐释规范了党的干部应该如何坚持党的群众路线。

在价值观上,要执政为民。

"一切为了群众,一切依靠群众"的价值观,规定了党同群众的关系。它要求共产党人,不是在某些事情上"为了群众",而是"一切为了人民群众";不是在某些事情上"依靠群众",而是"一切依靠群众"。这就是"执政为民"。

执政为民,就要践行党的根本宗旨,全心全意为人民服务。

---

①《全国优秀共产党员预备人选先进事迹》,新华网,2011年5月16日。

关于对待人民群众
党章如何要求广大党员干部

新华网数据新闻部 出品

建党95年来，中国共产党始终坚持以全心全意为人民服务为根本宗旨。"人民"、"群众"则是《中国共产党章程》中的高频词。党章总纲第一条即指出，中国共产党"代表中国最广大人民的根本利益"。那么关于人民群众，党章是如何要求广大党员干部的？

《中国共产党章程》中与"人民群众"相关的高频词

- 人民 60次
- 组织 136次
- 民主 31次
- 基层 25次
- 群众 51次

总纲：

坚持全心全意为人民服务。
党除了工人阶级和最广大人民群众的利益，没有自己特殊的利益。

党在任何时候都把群众利益放在第一位，同群众同甘共苦，保持最密切的联系，坚持权为民所用、情为民所系、利为民所谋，不允许任何党员脱离群众，凌驾于群众之上。

党在自己的工作中实行群众路线。

一切为了群众，一切依靠群众，从群众中来，到群众中去。

把党的正确主张变为群众的自觉行动。我们党的最大政治优势是密切联系群众，党执政后的最大危险是脱离群众。

要求广大党员：

中国共产党党员必须全心全意为人民服务，

不惜牺牲个人的一切，为实现共产主义奋斗终身。

坚持党和人民的利益高于一切，个人利益服从党和人民的利益，

吃苦在前，享受在后，克己奉公，多做贡献。

密切联系群众，

向群众宣传党的主张，遇事同群众商量，及时向党反映群众的意见和要求，维护群众的正当利益。

发扬社会主义新风尚，带头实践社会主义荣辱观，提倡共产主义道德。

为了保护国家和人民的利益，在一切困难和危险的时刻挺身而出，英勇斗争，不怕牺牲。

要求党组织：

党禁止任何形式的个人崇拜。

要保证党的领导人的活动处于党和人民的监督之下，同时维护一切代表党和人民利益的领导人的威信。

密切联系群众，

经常了解群众对党的工作的批评和意见，维护群众的正当权利和利益，做好群众的思想政治工作。

充分发挥党员和群众的积极性创造性，

发现、培养和推荐他们中间的优秀人才，鼓励和支持他们在改革开放和社会主义现代化建设中贡献自己的聪明才智。

要求党的干部：

党的干部是党的事业的骨干，是人民的公仆。

正确行使人民赋予的权力，坚持原则，依法办事，清正廉洁，勤政为民，以身作则，艰苦朴素。

密切联系群众，坚持党的群众路线，自觉地接受党和群众的批评和监督。

加强道德修养，讲党性、重品行、作表率，做到自重、自省、自警、自励，反对官僚主义，反对任何滥用职权、谋求私利的不正之风。

第二章　坚持人民至上，牢记初心和使命

党员干部要践行党的宗旨，全心全意为人民服务，心中就要装着人民群众，把人民的安危冷暖记在心头。了解人民的诉求，了解人民的疾苦。心为民所系，利为民所谋，想人民之所想，急人民之所急。优秀县委书记焦裕禄就是这样的共产党人。

焦裕禄，一个闪光的名字，深深地铭刻在全国人民的心坎上。他是社会主义建设时期清正廉洁、克己奉公的党的优秀干部的杰出代表。他虽然只是兰考的一位县委书记，但他的精神却整整鼓舞教育了全国几代人。

兰考，位于豫冬沙区，是黄河故道上的重灾县。全县的土地，除了沙荒，就是洼坡和盐碱地。1962年，春天的风沙打毁了20万亩麦子，秋天又淹没了30多万亩的庄稼，并有10万余亩的禾苗被碱死。兰考的粮食已经威胁到了人民群众的生存。

就是在这灾情最严重、困难最大的时候，中共开封市委决定把

焦裕禄的资料照片。（新华社发）▶

▲ 图为焦裕禄当年亲手种下的泡桐,被人们称为"焦桐"。(新华社记者 冯大鹏 摄)

兰考县委书记的重担交给焦裕禄。当地委组织部找他谈话时,他当即表示,服从组织的决定,愿意到最艰苦的地方去工作。

焦裕禄一到兰考,就带领兰考的党员干部、人民群众投身到治理风沙、内涝、盐碱这"三害"的斗争中。

为了治理风沙,焦裕禄每逢狂风大作时,都会和调查人员一起顶着漫天的风沙,去察看风口,去探寻流沙的根源。

为了治理水害,焦裕禄每逢狂风暴雨到来之时,都会带领调查人员头顶瓢泼大雨,足涉激流险滩,一乡、一村、一沟、一坎地去察看洪水的流势和变化情况,从中探索洪水形成的规律,以便掌握它、制伏它。

为了治理盐碱,不论寒冬还是酷暑,焦裕禄经常在白花花的盐碱地上奔波。

此时，焦裕禄因常年忘我工作，积劳成疾，已经患了严重的肝病，体质非常虚弱。但他咬紧牙关，坚持工作。从他那消瘦的身躯上，从他那铁青的脸色上，人们已经看出他是用超人的毅力坚持着。同志们劝他休息，他不答应。他想尽快治理好"三害"，让兰考人民过上好日子。

在焦裕禄的带领下，兰考的风沙、盐碱地得到了有效的治理，兰考的洪水受到了有效的遏制，贫困的兰考发生了巨大的变化。

习近平总书记强调："要以人民群众利益为重、以人民群众期盼为念，真诚倾听群众呼声，真实反映群众愿望，真情关心群众疾苦。"焦裕禄同志就是这样做的。

在方法论上，要从群众中来，到群众中去。

从群众中来，就是将群众分散的无系统的意见集中起来，化为科学的领导意见。也就是通过调查研究，集中群众的智慧和经验，摸清群众的愿望和需要，有事同群众商量，以形成切合实际的正确方针、政策、计划和办法。

从群众中来的过程，不是把群众的诸多认识简单地堆积和相加的过程，而是要经过领导者的"去粗取精，去伪存真，由此及彼，由表及里"地改造制作，使之上升为比较系统的理性认识。

到群众中去，就是把集中起来的领导意见化为群众自觉的实践活动。也就是把吸取群众意见而形成的方针、政策、计划和办法，拿到群众中去作宣传解释，化为群众的思想和自觉行动，并在群众的实践中加以检验和发展。到群众中去，既是实行方针、政策、计划和办法的过程，又是检验和进一步完善、发展、修正方针、政策、计划和办法的过程。

请看焦裕禄同志是怎样坚持从群众中来，到群众中去的。

焦裕禄同志在兰考担任县委书记时，为了找到治沙的方法，他逐个地征求风沙勘查队同志的意见。有的说，挖防风沟；有的说，打防风墙；有的说，种树固沙。焦裕禄说，这些办法都很好，就是慢了点儿。我们看看受灾的群众，再想想我们的责任，能不能有更好的方法快一点儿？

这时，有人随口答道，我听一个林业大学的学生讲，国外有一种办法，沥青固沙。每亩地用30公斤沥青，再加上95%的水，兑成乳液，用喷雾器喷到沙丘上来固沙。

焦裕禄听了，哈哈大笑："这个办法适合国外，不适合咱中国的兰考。我看办法还得到群众中去寻找。"

为了到群众中找到治沙的方法，焦裕禄来到了沙害严重的下马台。在下马台，一座长着青草、坟前长着小树的坟墓引起了焦裕禄的注意。原来，这座坟是当地农民魏铎彬母亲的坟。

据魏铎彬介绍，每当春冬，风沙就把他母亲的棺材板刮露出来了，让他很难过。后来，他利用一个早上的时间把地下的淤泥挖了出来，盖在坟上。结果，坟上长了小草，坟前他给栽上了树。

焦裕禄蹲在地上跟魏铎彬交谈。听了魏铎彬的介绍，他一下子就站了起来。高兴地说，一个人一早上一个坟头，我们十几万人干上几年，一定会让沙丘变成良田。

焦裕禄把魏铎彬的经验带到常委会上进行讨论，一班人认为，这种办法可行，于是，他们就在下马台搞了一个月的试点。试点成功后，这种方法便在全县推广开来。他们还给这个方法取名为"贴膏药（盖淤泥）扎针（种树）"。

焦裕禄同志的这段故事，生动地诠释了"从群众中来，到群众中去"的方法论。

筑牢党长期执政的最可靠基础

为了筑牢党长期执政的最可靠基础，中国共产党从 2019 年 6 月开始，在全党范围内自上而下分两批进行了"不忘初心、牢记使命"主题教育活动。2020 年 1 月 8 日，中央召开"不忘初心、牢记使命"主题教育总结大会，主题教育基本结束。这次活动的目的，是要用党的创新理论武装头脑，解决党内存在的违背初心和使命的各种问题，推动全党更加自觉地为实现新时代党的历史使命而不懈奋斗。

民心是最大的政治

2017 年 10 月 19 日，习近平总书记在中国共产党第十九次全国代表大会的报告中提出，要"以县处级以上领导干部为重点，在全党开展'不忘初心、牢记使命'主题教育，用党的创新理论武装头脑，推动全党更加自觉地为实现新时代党的历史使命不懈奋斗"。

习近平的这段话不仅对开展"不忘初心、牢记使命"主题教育活动做了部署，也回答了为什么要在全党开展"不忘初心、牢记使命"主题教育活动这一重要的问题。

第一，用习近平新时代中国特色社会主义思想武装全党的迫切需要。习近平新时代中国特色社会主义思想涵盖的内容非常广泛，但概括说来，就是"八个明确"和"十四个坚持"。

"八个明确"是习近平新时代中国特色社会主义思想最重要、最核心的内容，即明确坚持和发展中国特色社会主义，总任务是实现社会主义现代化和中华民族伟大复兴，在全面建成小康社会的基础上，分两步走在本世纪中叶建成富强民主文明和谐美丽的社会主义现代化强国；明确新时代我国社会主要矛盾是人民日益增长的美好生活需要和不平衡不充分的发展之间的矛盾，必须坚持以人民为中心的发展思想，不断促进人的全面发展、全体人民共同富裕；明确中国特色社会主义事业总体布局是"五位一体"、战略布局是"四个全面"，强调坚定道路自信、理论自信、制度自信、文化自信；明确全面深化改革总目标是完善和发展中国特色社会主义制度、推进国家治理体系和治理能力现代化；明确全面推进依法治国总目标是建设中国特色社会主义法治体系、建设社会主义法治国家；明确党在新时代的强军目标是建设一支听党指挥、能打胜仗、作风优良的人民军队，把人民军队建设成为世界一流军队；明确中国特色大国外交要推动构建新型国际关系，推动构建人类命运共同体；明确中国特色社会主义最本质的特征是中国共产党领导，中国特色社会主义制度的最大优势是中国共产党领导，党是最高政治领导力量，提出新时代党的建设总要求，突出政治建设在党的建设中的重要地位。

"十四个坚持"，既是习近平新时代中国特色社会主义思想的重要组成部分，又是落实习近平新时代中国特色社会主义思想的实践要求，内容包括：坚持党对一切工作的领导；坚持以人民为中心；坚持全面深化改革；坚持新发展理念；坚持人民当家作主；坚持全面依法治国；坚持社会主义核心价值体系；坚持在发展中保障和改善民生；坚持人与自然和谐共生；坚持总体国家安全观；坚持党对人民军队的绝对领导；坚持"一国两制"和推进祖国统一；坚持推动构建人类命运共同体；坚持全面从严治党。

第二，是推进新时代党的建设的迫切需要。治国必先治党，治党务必从严。党的十八大以来,虽然全面从严治党成效卓著,但党的建设方面依然存在着许多薄弱环节。党内存在的思想不纯、组织不纯、作风不纯等突出问题尚未得到根本解决,党依然面临着执政考验、改革开放考验、市场经济考验、外部环境考验,面临着精神懈怠危险、能力不足危险、脱离群众危险、消极腐败危险。

只有不忘初心、牢记使命,中国共产党才能克服党内存在的思想不纯、组织不纯、作风不纯等突出问题,才能在"四大考验"面前保持政治定力,才能防范和消除"四大危险"。

第三,保持党同人民群众血肉联系的迫切需要。人民群众拥护和支持是我党最为可靠的力量源泉。"国以民为本,社稷亦为民而立。"民心是最大的政治。"一个政党,一个政权,其前途命运取决于人心向背。人民群众反对什么、痛恨什么,我们就要坚决防范和纠正什么。"① 党要保持同人民群众血肉联系,就要紧扣民心这个最大的政治,把赢得民心民意、汇集民智民力作为重要着力点。

开展"不忘初心、牢记使命"主题教育,就是要继续教育引导广大党员干部自觉践行党的根本宗旨,把群众观点、群众路线深深植根于思想中、具体落实到行动上,着力解决群众最关心最现实的利益问题,不断增强人民群众对党的信任和信心,筑牢党长期执政最可靠的阶级基础和群众根基。

第四,实现党的十九大确定的目标任务的迫切需要。党的十九大提出,"到建党一百年时建成经济更加发展、民主更加健全、科教更加进步、文化更加繁荣、社会更加和谐、人民生活更加殷实的小

---

① 习近平:《决胜全面建成小康社会 夺取新时代中国特色社会主义伟大胜利——在中国共产党第十九次全国代表大会上的报告》(2017年10月18日),新华社,2017年10月27日。

▲ 2019年12月17日，辽宁省海城市中小镇中小村村民在村委会设置的"不忘初心、牢记使命"主题教育展馆参观。（新华社记者 杨青 摄）

康社会，然后再奋斗三十年，到新中国成立一百年时，基本实现现代化，把我国建成社会主义现代化国家。"①

要实现党的十九大确定的目标任务，必须不忘初心、牢记使命。诚如恩格斯所言：

一个知道自己的目的，也知道怎样达到这个目的的政党，一个真正想达到这个目的并且具有达到这个目的所必不可缺的顽强精神的政党——这样的政党将是不可战胜的。

① 习近平：《决胜全面建成小康社会　夺取新时代中国特色社会主义伟大胜利——在中国共产党第十九次全国代表大会上的报告》（2017年10月18日），新华社，2017年10月27日。

守初心、担使命，找差距、抓落实

2019年5月13日，中共中央政治局召开会议，决定从2019年6月开始，以县处级以上领导干部为重点，在全党自上而下分两批开展"不忘初心、牢记使命"主题教育。

2019年5月31日，中央召开"不忘初心、牢记使命"主题教育工作会议，对主题教育进行了动员部署，主题教育正式在全国开展起来。

主题教育的总要求是：守初心、担使命，找差距、抓落实。

守初心：要牢记全心全意为人民服务的根本宗旨，以坚定的理想信念坚守初心，牢记人民对美好生活的向往就是我们的奋斗目标，时刻不忘我们党来自人民、根植人民，永远不能脱离群众、轻视群众、漠视群众疾苦。

担使命：要牢记我们党肩负的实现中华民族伟大复兴的历史使命，勇于担当负责，积极主动作为，保持斗争精神，敢于直面风险挑战，以坚韧不拔的意志和无私无畏的勇气战胜前进道路上的一切艰难险阻。

找差距：要对照习近平新时代中国特色社会主义思想和党中央决策部署，对照党章党规，对照人民群众新期待，对照先进典型、身边榜样，坚持高标准、严要求，有的放矢进行整改。

抓落实：要把习近平新时代中国特色社会主义思想转化为推进改革发展稳定和党的建设各项工作的实际行动，把初心使命变成党员干部锐意进取、开拓创新的精气神和埋头苦干、真抓实干的自觉行动，力戒形式主义、官僚主义，推动党的路线方针政策落地生根，推动解决人民群众反映强烈的突出问题，不断增强人民群众获得感、幸福感、安全感。

主题教育的根本任务：深入学习贯彻习近平新时代中国特色社会主义思想，锤炼忠诚干净担当的政治品格，团结带领全国各族人民为实现伟大梦想共同奋斗。

主题教育的具体目标：理论学习有收获、思想政治受洗礼、干事创业敢担当、为民服务解难题、清正廉洁作表率。

理论学习有收获。重点是教育引导广大党员干部在原有学习的基础上取得新进步，加深对习近平新时代中国特色社会主义思想和党中央大政方针的理解，学深悟透、融会贯通，增强贯彻落实的自觉性和坚定性，提高运用党的创新理论指导实践、推动工作的能力。

思想政治受洗礼。重点是教育引导广大党员干部坚定对马克思

▲ 2019年10月30日，固安县马庄镇党员在林子里烈士陵园纪念馆内参观。当日，河北省固安县马庄镇组织党员来到河北省爱国主义教育基地——林子里烈士陵园，开展"不忘初心、牢记使命"主题教育。（新华社记者 任鹏飞 摄）

主义的信仰、对中国特色社会主义的信念，传承红色基因，增强"四个意识"、坚定"四个自信"、做到"两个维护"，自觉在思想上政治上行动上同党中央保持高度一致，始终忠诚于党、忠诚于人民、忠诚于马克思主义。

干事创业敢担当。重点是教育引导广大党员干部以强烈的政治责任感和历史使命感，保持只争朝夕、奋发有为的奋斗姿态和越是艰险越向前的斗争精神，以钉钉子精神抓工作落实，努力创造经得起实践、人民、历史检验的实绩。

为民服务解难题。重点是教育引导广大党员干部坚守人民立场，树立"以人民为中心"的发展理念，增进同人民群众的感情，自觉同人民想在一起、干在一起，着力解决群众的操心事、烦心事，以为民谋利、为民尽责的实际成效取信于民。

清正廉洁作表率。重点是教育引导广大党员干部保持为民务实清廉的政治本色，自觉同特权思想和特权现象作斗争，坚决预防和反对腐败，清清白白为官、干干净净做事、老老实实做人。

以理论滋养初心、以理论引领使命

2019年9月，中央"不忘初心、牢记使命"主题教育领导小组印发《关于开展第二批"不忘初心、牢记使命"主题教育的指导意见》（以下简称《意见》）。根据《意见》，第二批主题教育从2019年9月开始，到11月底基本结束。主要包括中管高校和其他高等学校，市、县机关及其直属单位和企事业单位，乡镇、街道和村、社区，非公有制经济组织、社会组织和其他基层组织，未参加第一批主题教育的中央和国家机关、中管金融企业、中管企业的派出和分支机构。

《意见》要求，第二批"不忘初心、牢记使命"主题教育，要围绕学习贯彻习近平新时代中国特色社会主义思想这条主线，引导党员、干部原原本本学，以理论滋养初心、以理论引领使命，增强"四个意识"、坚定"四个自信"、做到"两个维护"。要突出问题导向，既着力解决党员、干部自身存在的问题特别是思想根子问题，坚守理想信念、初心使命不动摇，又着力解决群众最关心最直接最现实的利益问题，以为民谋利、为民尽责的实际成效取信于民。要以县处级以上领导干部为重点，先学先改、即知即改，示范带动广大党员、干部的学习教育。

持续推动全党不忘初心、牢记使命

2020年1月8日，中央召开"不忘初心、牢记使命"主题教育总结大会，主题教育基本结束。习近平出席会议，并发表了重要讲话。

他在讲话中指出："整个主题教育特点鲜明、扎实紧凑，达到了预期目的，取得了重大成果。"[1] 这些成果主要表现在以下几个方面：

一是各级党组织和广大党员、干部深入学习实践新时代中国特色社会主义思想，提高了知信行合一能力。二是各级党组织和广大党员、干部思想政治受到洗礼和锤炼，增强了守初心、担使命的思想自觉和行动自觉。三是各级党组织和广大党员、干部干事创业、担当作为的精气神得到提振，推动了改革发展稳定各项工作。四是各级党组织和广大党员、干部积极解决群众最急最忧最盼的问题，强化了宗旨意识和为民情怀。五是各级党组织和广大党员、干部深

---

[1] 习近平：《在"不忘初心、牢记使命"主题教育总结大会上的讲话》，新华网，2020年1月8日。

入进行清正廉洁教育，涵养了风清气正的政治生态。六是各级党组织和广大党员、干部重点抓突出问题专项整治，消除了一些可能动摇党的根基、阻碍党的事业的因素。

他在讲话中还总结了开展"不忘初心、牢记使命"主题教育活动的六条经验：

一是聚焦主题、紧扣主线。针对新时代党的建设任务和党内存在的突出问题，确立"不忘初心、牢记使命"的主题，把学习贯彻习近平新时代中国特色社会主义思想作为主线。

二是以上率下、示范带动。中央政治局以"牢记初心使命、推进自我革命"为题进行集体学习，开展专题民主生活会，为全党作了示范引导。各级党委（党组）履行主体责任，各级领导班子成员特别是主要负责同志带头学研查改，以"关键少数"示范带动"绝大多数"，精心组织谋划、推动落实责任，做到了一贯到底、落实落地。

三是有机融合、一体推进。这次主题教育有一个鲜明特点，就是不划阶段、不分环节，把学习教育、调查研究、检视问题、整改落实四项重点举措贯穿全过程，有机融合、一体推进。

四是紧盯问题、精准整改。突出问题导向，从一开始就改起来，奔着问题去、盯着问题改，对标整改、源头整改、系统整改、联动整改、开门整改，着力抓好整治违反中央八项规定精神的突出问题。

五是严督实导、内外用力。中央主题教育领导小组及其办公室加强政策研究指导，分级分类推进，压紧压实责任。各级指导组、巡回督导组、巡回指导组沉下去，敢于坚持原则、动真碰硬，把党中央精神传导到位，把压力动力传递到位。各地区各部门各单位坚持敞开大门，请群众参与、监督、评判，对群众不满意的及时"返工"、"补课"。

六是力戒虚功、务求实效。把反对形式主义、官僚主义作为突出要求，把主题教育同落实"基层减负年"的各项要求结合起来，把基层干部干事创业的手脚从形式主义的束缚中解脱出来，防止重"形"不重"效"，把工作做扎实、做到位。

习近平总书记在讲话中强调要求："凡是过往，皆为序章。全党要以这次主题教育为新的起点，不断深化党的自我革命，持续推动全党不忘初心、牢记使命。"①

2020年9月，中共中央办公厅印发《关于巩固深化"不忘初心、牢记使命"主题教育成果的意见》，要求各级党委（党组）结合统筹推进常态化疫情防控和经济社会发展、改革发展稳定等各方面工作和人民群众对美好生活的新期待，推动巩固深化"不忘初心、牢记使命"主题教育成果各项任务落地见效。

"不忘初心、牢记使命"主题教育是新时代深化党的自我革命、推动全面从严治党向纵深发展的生动实践，对新时代开展党内集中教育进行了新探索、积累了新经验，促进了全党思想上的统一、政治上的团结、行动上的一致，为新时代中国共产党统揽"四个伟大"、实现"两个一百年"奋斗目标作了思想上政治上组织上作风上的有力动员，具有重大现实意义和深远历史影响。

---

① 习近平：《在"不忘初心、牢记使命"主题教育总结大会上的讲话》，新华网，2020年1月8日。

第三章

敢于刀刃向内，勇于自我革命

习近平总书记指出:"中国共产党的伟大不在于不犯错误,而在于从不讳疾忌医,敢于直面问题,勇于自我革命,具有极强的自我修复能力。"敢于刀刃向内,勇于自我革命,也是中国共产党永葆先进性的一个重要奥秘。

中国共产党最为鲜明的政治品格

敢于刀刃向内，勇于自我革命，是中国共产党最为鲜明、最为本质的政治品格，也是中国共产党始终走在时代前列、在狂风巨浪中经受住各种严峻考验的力量源泉。中国共产党为什么敢于刀刃向内，勇于自我革命？我们可以从三个方面来理解和把握。

无产阶级政党性质的必然要求

中国共产党是以马克思主义为指导的无产阶级政党。无产阶级政党的性质决定了党必须坚持自我革命。"我们不但善于破坏一个旧世界，我们还将善于建设一个新世界"。"破坏一个旧世界，建设一个新世界"，就是革命。列宁说："马克思认为他的理论的全部价值在于这个理论'在本质上是批判的和革命的'。"

而这种革命，不只是适用于革反动派的命，也适用于革自己的命，即自我革命。马克思主义理论认为，无产阶级革命与其他革命不同之处就在于：它自己批评自己，并靠批评自己壮大起来。可以说，自我革命是无产阶级政党与生俱来的品质和要求。

党的宗旨也决定了党能够进行自我革命。党的宗旨是全心全意为人民服务，"党除了工人阶级和最广大人民群众的利益，没有自己特殊的利益"。正因为党没有自己特殊的利益，只有工人阶级和最广大人民群众的利益，所以，党必然有自我革命的勇气和魄力。因为无私才能对自我革命无所畏惧。"以中国最广大人民的最大利益为出发点的中国共产党人，相信自己的事业是完全合乎正义的，不惜牺牲自己个人的一切，随时准备拿出自己的生命去殉我们的事业，难道还有什么不适合人民需要的思想、观点、意见、办法，舍不得丢掉的吗？难道我们还欢迎任何政治的灰尘、政治的微生物来玷污我们的清洁的面貌和侵蚀我们的健全的肌体吗？无数革命先烈为了人民的利益牺牲了他们的生命，使我们每个活着的人想起他们就心里难过，难道我们还有什么个人利益不能牺牲，还有什么错误不能抛弃吗？"①

传统自省革新精神是党勇于自我革命的渊源

中华民族自古以来就有着优秀的传统文化，中国共产党对此进行了传承和弘扬。正如习近平总书记所指出的："在带领中国人民进行革命、建设、改革的长期历史实践中，中国共产党人始终是中国优秀传统文化的忠实继承者和弘扬者，从孔夫子到孙中山，我们都注意汲取其中积极的养分。"

强烈的自省革新精神，就是中华民族优秀传统文化的重要组成部分。商汤（约公元前1670—前1587年），在自己的洗澡用具上就刻有"苟日新，日日新，又日新"的箴言，提醒自己要像每天洗澡一样及时反省和不断进行革新，至于孔子的学生曾子的"吾日三省吾身"更是众所周知。而宋明理学代表人物王阳明在《传习录》中则言："我今说个知行合一，正要人晓得，一念发动处，便即是行了，发动处有不善，就将这不善的念克倒了。须要彻根彻底不使那

---

① 毛泽东：《论联合政府》（1945年4月24日），《毛泽东选集》第3卷，北京：人民出版社1991年版。

一念不善潜伏在胸中，此是我立言宗旨。"这是说，他的立言宗旨，是必须要彻根彻底地不使那一念不善潜伏在自己的心里。

中国共产党自成立之日起，就把中华传统文化"审视其是非，辨识其善恶"的这种自省革新精神，作为政治伦理的重要组成部分，并予以发扬光大，弘扬为自我革命的精神。

自我革命是党居安思危破解历史周期率的重策

中国共产党是一个始终有着强烈忧患意识的无产阶级政党。一以贯之的忧患意识是中国共产党最为基本的实践品格。正如习近平总书记所言："我们党在内忧外患中诞生，在磨难挫折中成长，在战胜风险挑战中壮大，始终有着强烈的忧患意识、风险意识。"

事实就是如此。1938年7月26日，张闻天同志在对延安抗日军政大学第三期毕业同学的讲演中就强调，一个革命的政党，必须"要有伟大的胸怀与气魄"。他还着重指出：

所谓"禹汤罪己，其兴也勃，桀纣罪人，其亡也忽"，这已成为中国人公认的历史真理。而承认这个真理，就是一方面要善于批评自己，另一方面又要善于接受他人对自己的批评，不讳疾忌医。

张闻天同志在这里引用的"禹汤罪己，其兴也勃，桀纣罪人，其亡也忽"，出自《左传·庄公十一年》："禹、汤罪己，其兴也勃焉；桀、纣罪人，其亡也忽焉。"大意是说，大禹、商汤善于自我批评，其王朝快速兴盛；而夏桀王和商纣王总是谴责别人，从来不做自我批评，其王朝迅速灭亡。

张闻天同志从批评的角度来解读"兴勃亡忽"的因由。在张闻天同志看来，一个政党要跳出"兴勃亡忽"的历史周期率，就必须"一方面要善于批评自己，另一方面又要善于接受他人对自己的批

▲ 1945年4月23日至6月11日，中国共产党第七次全国代表大会在陕北小山村——杨家岭召开。毛泽东在会上致开幕词和闭幕词，并作了《论联合政府》的政治报告。图为中国共产党七大会场。（新华社资料照片）

▶ 图为毛泽东同志出席七大的代表证。（新华社记者李基禄 摄）

评，不讳疾忌医"。

　　1945年4月23日,毛泽东同志在中共七大开幕式上所作的《论联合政府》的政治报告中,也强调指出,有无认真的自我批评,也是我们和其他政党互相区别的显著的标志之一。批评和自我批评"正是抵抗各种政治灰尘和政治微生物侵蚀我们同志的思想和我们党的肌体的唯一有效的方法"。

　　批评和自我批评,就是中国共产党自我革命的一个重要方法。正因为我党一直居安思危,始终保持着忧患意识,勇于自我革命,才成为百年老党、世界大党,执政70余年,依然得到人民群众的拥戴和支持,破解了历史周期率。

中国共产党勇于自我革命的主要经验

勇于自我革命，是中国共产党最鲜明的政治品格，也是中国共产党优良的传统和作风。中国共产党自成立之日起，就把勇于自我革命作为党的建设的重要组成部分，并一以贯之地坚持。中国共产党在长期的自我革命的过程中，积累了丰富的经验。

居安思危，思想上高度重视自我革命

思想是行为的先导，没有思想上的高度重视，就没有行为上的高度自觉。中国共产党之所以能在自我革命中保持着高度自觉，就在于党始终居安思危，在思想上高度重视自我革命。革各种错误路线的命，革各种错误思想的命，革各种错误行为的命。

毛泽东同志说：

房子是应该经常打扫的，不打扫就会积满了灰尘；脸是应该经常洗的，不洗也就会灰尘满面。我们同志的思想，我们党的工作，也会沾染灰尘的，也应该打扫和洗涤。"流水不腐，户枢不蠹"，是说它们在不停的运动中抵抗了微生物或其他生物的侵蚀。对于我们，经常地检讨工作，在检讨中推广民主作风，不惧怕批评和自我批评，实行"知无不言，言无不尽"、"言者无罪，闻者足戒"、"有则改之，无则加勉"这些中国人民的有益的格言，正是抵抗各种政治灰尘和政治微生物侵蚀我们同志的思想和我们党的肌体的唯一有效的方法。

2018年6月14日，习近平在山东考察时指出："我们党要永远立于不败之地，就要不断推进自我革命，教育引导党员、干部特别是领导干部从思想上正本清源、固本培元，筑牢思想道德防线，增强拒腐防变和抵御风险能力，时刻保持共产党人的政治本色。"

汉朝人王粲在其《仿连珠》中有言："观于明镜，则瑕疵不滞于躯；听于直言，则过行不累乎身。"用明亮的镜子照自己，污垢斑点就不会长久地留在身上；听取直率的批评，错误的行为便能够得到及时改正。

正因为我党在思想上高度重视自我革命，自我革命才成为了中国共产党坚持真理，修正错误，永葆先进性和纯洁性的重要手段。

实践中根据不同问题进行自我革命

具体问题具体分析是马克思主义活的灵魂。中国共产党进行自我革命，另一条重要的经验，就是根据不同时期的不同特点、党内存在的不同问题来进行自我革命。

20世纪40年代抗日战争时期的延安整风，就是针对党内存在着的主观主义、宗派主义和党八股等问题，而开展的党的历史上第一次大规模的整风运动。全党通过反对主观主义整顿了学风，通过反对宗派主义整顿了党风，通过反对党八股整顿了文风。

经过延安整风，全党达到了空前的团结和统一，为夺取抗日战争的胜利奠定了思想基础。

1947—1949年解放战争时期开展的土改整党运动，主要是为了解决党的农村基层组织在土地改革中暴露出来的问题，而在党的历史上首次以基层组织为重点的大规模整党运动。

通过土改整党，土地改革得以顺利推进，党群关系、干群关系得以密切，大后方的基层政权得以巩固，广大农民的生产积极性和拥军支前的热情得以充分调动，有力地支援了解放战争。

1951年年底到1952年10月建立新中国初期开展的"三反"运动，是针对党政机关工作人员存在的贪污、浪费和官僚主义等问题而开展的反贪污、反浪费、反官僚主义的运动。

"三反"运动，清除了党员干部队伍中的蜕化变质分子，纯洁了党的队伍，教育和挽救了一批党的干部，保持了党的先进性和纯洁性。

2013年6月18日启动到2014年10月结束，分两批进行的党的群众路线教育实践活动，则是新的历史条件下党的自我革命的一次重要实践。党的群众路线教育实践活动，主要是针对党员干部队伍中形式主义、官僚主义、享乐主义突出，奢靡之风严重的问题而进行的自我革命。习近平总书记在党的群众路线教育实践活动工作会议上的讲话中要求："教育实践活动要着眼于自我净化、自我完善、自我革新、自我提高，以'照镜子、正衣冠、洗洗澡、治治病'为总要求。"

党的群众路线教育实践活动的开展，有效地改进了党员干部的工作作风，党员干部更加为民务实清廉，从而密切了党群干群关系，夯实了党的执政基础，推动了党的先进性建设。

按照实际情况决定自我革命的方法

毛泽东同志在《关心群众生活，注意工作方法》一文中曾经指出：

▲ 图为瑞金沙洲坝元太屋毛泽东旧居。1933年4月至1934年7月，毛泽东在此办公和居住。在窗前这张桌子上，毛主席写下了《关心群众生活，注意工作方法》《我们的经济政策》《怎样分析农村阶级》等著作。（新华社记者 宋振平 摄）

我们不但要提出任务，而且要解决完成任务的方法问题。我们的任务是过河，但是没有桥或没有船就不能过。不解决桥或船的问题，过河就是一句空话。不解决方法问题，任务也只是瞎说一顿。

党的自我革命也是一样，要想实现自我革命的目标也需要运用正确的方法。在党的自我革命的过程中，主要运用了以下的方法：

方法之一：经常地进行党内集中教育。中国共产党自成立以来，就不断地通过党内集中教育的方法来进行自我革命。

延安整风，就是在全党进行的一次大规模的马克思列宁主义教育的运动。毛泽东同志在延安整风期间，分别作了《改造我们的学习》《整顿党的作风》和《反对党八股》的报告，号召全党反对主

第三章 敢于刀刃向内，勇于自我革命

观主义以整顿学风、反对宗派主义以整顿党风、反对党八股以整顿文风。通过集中教育，使全党确立了一条实事求是的辩证唯物主义的思想路线，使党员干部的思想理论水平大大地提高，党也达到了空前的团结。

"讲学习、讲政治、讲正气"的"三讲"教育活动，使全党同志，尤其是领导干部受到了深刻的党性党风教育。

"严以修身、严以用权、严以律己，谋事要实、创业要实、做人要实"的"三严三实"教育活动，使全党的道德修养水平得到进一步的提升，作风建设得到进一步的加强。

方法之二：善于运用批评和自我批评的武器。中国共产党自成立以来，就把批评和自我批评作为解决党内矛盾、净化党内生活，

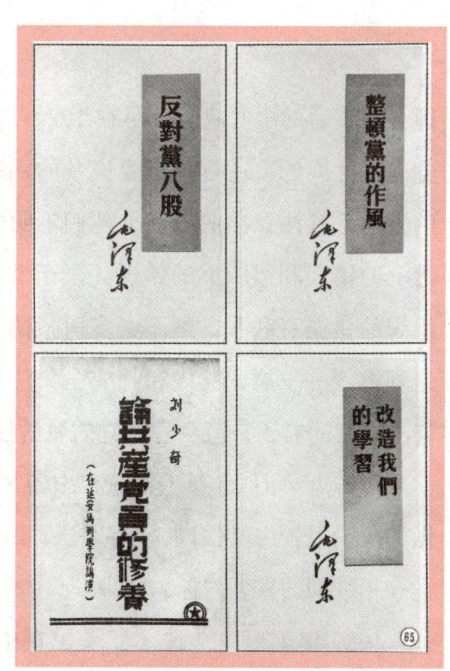

▶ 图为整风运动文献的一部分。
（新华社资料照片）

▲ 图为古田会议旧址。1929年12月,红军第四军在这里召开了第九次党代表大会,通过了由毛泽东同志起草的"关于纠正党内的错误思想"的决议,确定了建党、建军的基本原则。(新华社发)

即自我革命的主要武器。早在1929年12月,毛泽东就指出:"关于党内批评问题,还有一点要说及的,就是有些同志的批评不注意大的方面,只注意小的方面。他们不明白批评的主要任务,是指出政治上的错误和组织上的错误。至于个人缺点,如果不是与政治的和组织的错误有联系,则不必多所指摘,使同志们无所措手足。而且这种批评一发展,党内精神完全集注到小的缺点方面,人人变成了谨小慎微的君子,就会忘记党的政治任务,这是很大的危险。"

1945年4月24日毛泽东在中国共产党第七次全国代表大会上所做的政治报告中又强调:"有无认真的自我批评,也是我们和其他政党互相区别的显著的标志之一。"

1989年12月29日,江泽民在中共中央宣传部、中共中央政策研究室、中共中央组织部、中共中央党校举办的党建理论研究班上的讲话中指出:"批评与自我批评是我们维护党的纯洁性、增强党的战斗力的武器,所有的党员都必须在党内生活中学会正确运用这个武器,领导干部更要以身作则,使党的优良作风放射出新的光彩。"

1999年3月30日胡锦涛同志在河南考察时的讲话中指出:"批评和自我批评是我们党的一个好传统,是正确解决党内矛盾、促进团结和进步的一个好武器。但是,在一部分领导班子、领导干部中,这个好传统、好武器被淡忘了,一定要下决心改变这种状况。要按照'团结——批评和自我批评——团结'的公式,解决党内存在的思想作风问题,既做到讲党性,讲原则,坚持真理,修正错误,又注意讲政治,顾大局,在党的各级领导层把批评和自我批评的优良传统带头弘扬起来。"

党的十八大以来,习近平总书记更是强调要用好批评和自我批评的武器。2016年12月26—27日,中共中央政治局召开民主生活会,习近平总书记在会上发表了重要讲话。他在讲话中指出:"中央政治局要在开展批评和自我批评方面为全党作表率,做勇于自我革命的战士。要坚持实事求是,勇于批评和自我批评,勇于听取不同意见,及时改正错误。""批评和自我批评的武器,不仅对下级要敢用,对同级特别是对上级也要敢用。不能职务越高就越说不得、碰不得。批评和自我批评的武器要多用、常用、用够用好,使之成为一种习惯、一种自觉、一种责任。"

从我党历代领导人关于批评和自我批评的这些讲话中,我们不难看出我党是怎样运用批评和自我批评的武器来进行自我革命的。

方法之三:从思想上正本清源,固本培元。这是我党推进自我

▲ 2016年8月26日,衡水市冀州区党务工作者深入社区推广"冀州党旗红"微信公众号。"两学一做"学习教育开展以来,河北省衡水市冀州区利用互联网传播速度快、实时性强、传播面积广等优势,开设了微信公众号、专题学习网站等"互联网+"学习教育平台,将学习资源以文字、图片、视频、语音等多种形式在新媒体平台上展现,激发党员学习兴趣的同时形成教育常态化。(新华社记者 牟宇 摄)

革命的重要方法。重视思想建设,是党的传统。邓小平同志指出:"思想路线不是小问题,这是确定政治路线的基础。正确的政治路线能不能贯彻实行,关键是思想路线对不对头。"正因为如此,党在自我革命的过程中,一直坚持要求全党坚定崇高而远大的理想信念,树立正确的价值观,解决"总开关"的问题。

"两学一做"学习教育、"不忘初心、牢记使命"主题教育活动等就是从思想上正本清源、固本培元的长期举措。

中国共产党勇于自我革命的精髓要义

中国共产党的自我革命，概括说来，就是习近平总书记在十九大报告中所讲的："勇于自我革命，从严管党治党，是我们党最鲜明的品格……发展积极健康的党内政治文化，全面净化党内政治生态，坚决纠正各种不正之风，以零容忍态度惩治腐败，不断增强党自我净化、自我完善、自我革新、自我提高的能力，始终保持党同人民群众的血肉联系。"其精髓要义体现在以下几个方面。

坚持马克思主义真理，
修正偏离或违背马克思主义的错误思想

马克思主义是放之四海而皆准的真理，是中国共产党的坚定信仰。中国共产党无论是处于顺境还是处于逆境，从来没有动摇过对马克思主义的信仰。这从一些共产党人的身上就可以得到明证。

被毛泽东称为"理论界的鲁迅"的武汉大学前校长李达（1890年10月2日—1966年8月24日）就是马克思主义的坚定信仰者。李达曾对他的学生吕振羽说："不管形势如何变化、环境怎么恶劣，我这个'老寡妇'是决不失节的。"

李达是中国著名的马克思主义启蒙思想家，马克思主义在中国的最早传播者。他的座右铭是："讲马克思主义就要敢于坚持真理，修正错误，言行一致，决不能墙头一棵草，风吹两边倒。"

▲ 武汉大学校长李达是我国著名的哲学家和教育家，全国人民代表大会的代表。解放后，这位老哲学家仍坚持参加教学工作。图为李达在为哲学系编写《马克思主义哲学大纲》讲义。（新华社记者 于澄建 摄）

被毛泽东誉为"坚强的老战士"的徐特立(1877年2月1日—1968年11月28日）也是如此。"马日事变"之后，革命形势急转直下。有人见势不妙，离开了共产党的队伍，甚至跑到敌人那边去了。但正在长沙女子师范学校担任校长职务的徐特立，却拒绝了反动派的种种引诱，毅然离开长沙，前往武汉，寻找党的组织，要求加入中国共产党。他对李维汉说："我已经51岁了，只要共产党这样一个先进的党能允许我这老朽的人加入组织，那我就算是获得了新生。"在李维汉同志的介绍下，徐特立同志于1927年秋加入了中国共产党。

烈火见真金。腥风血雨将淘尽一切投机者，也将磨炼出真正的共产党人、真正的马克思主义信仰者。徐特立同志是真正的共产党人，是真正的马克思主义信仰者。正如毛泽东同志在徐特立同志60

第三章 敢于刀刃向内,勇于自我革命

▶ 徐特立是湖南长沙人,18岁开始从事教育工作,参加了南昌起义和两万五千里长征,1940年创办延安自然科学研究院并任院长,主持编审了新中国第一批中小学教材。图为徐特立在延安(1937年夏)。(新华社发)

岁生日时给他写的一封信中所说:"当革命失败的时候,许多共产党员离开了共产党,有些甚至跑到敌人那边去了,你却在1927年秋天加入共产党,而且取的态度是十分积极的。"

纵观党的自我革命的历史,始终体现着坚持马克思主义真理,修正偏离或违背马克思主义的错误思想这一精髓要义。纠正王明"左"倾冒险主义和右倾投降主义皆是如此。

坚持党的根本宗旨,纠正背离全心全意为人民服务的错误行为

全心全意为人民服务是我党的根本宗旨。党的宗旨决定了中国共产党人必须坚持以人民为中心,必须为人民谋利益,必须向人民

负责。正如毛泽东所说的："我们的责任，是向人民负责。每句话，每个行动，每项政策，都要适合人民的利益，如果有了错误，定要改正，这就叫向人民负责。"毛泽东在《为人民服务》一文中也指出："因为我们是为人民服务的，所以，我们如果有缺点，就不怕别人批评指出。""只要我们为人民的利益坚持好的，为人民的利益改正错的，我们这支队伍就一定会兴旺起来。"

中国共产党的队伍之所以能兴旺起来，就在于党"为人民的利益坚持好的，为人民的利益改正错的"，始终围绕着党的宗旨来纠正背离全心全意为人民服务的错误行为。比如说2013年6月18日启动的党的群众路线教育实践活动，就是以"为民、务实、清廉"为主题，以"照镜子、正衣冠、洗洗澡、治治病"为总要求，集中解决党的干部队伍形式主义、官僚主义突出，奢靡之风严重的问题。形式主义、官僚主义和奢靡之风都是严重背离党的根本宗旨的错误行为。

坚持实事求是的思想路线，同违背实事求是的现象做不妥协的斗争

邓小平曾经指出："毛泽东同志在延安为中央党校题了'实事求是'四个大字，毛泽东思想的精髓就是这四个字。毛泽东同志所以伟大，能把中国革命引导到胜利，归根到底，就是靠这个。"

中国共产党的自我革命，也是"靠这个"。习近平总书记指出："实事求是是马克思主义的根本观点，是中国共产党人认识世界、改造世界的根本要求，是我们党的基本思想方法、工作方法、领导方法。"中国共产党之所以具有超强的自我革命精神，就在于始终坚持

实事求是的马克思主义的根本观点。

靠着实事求是，中国共产党"不断完善中国特色社会主义制度，不断革除阻碍发展的各方面体制机制弊端，充分显示了制度保障的强大力量"。

靠着实事求是，中国共产党全面净化党内政治生态，坚决纠正各种不正之风，以零容忍态度惩治腐败；敢于刀刃向内，向顽瘴痼疾开刀，敢于触及深层次的利益关系和尖锐矛盾，同违背实事求是的现象做不妥协的斗争。

古人云："生于忧患，死于安乐。"中国共产党作为世界第一大党，"没有什么外力能够打倒我们，能够打倒我们的只有我们自己"。

司马光在《资治通鉴》中说，唐朝宰相陆贽上疏唐德宗时有这样一句话："惟以改过为能，不以无过为贵。"这是说，有了错误能够改正最为重要，而并非不犯错误才可贵。

党的自我革命任重而道远，而且永远没有暂停键，决不能有停一停、歇一歇的想法。要知道，严重的问题不是存在问题，而是不愿不敢直面问题、不想不去解决问题。

中国共产党勇于自我革命的经典案例

1978年12月18—22日,中国共产党第十一届中央委员会第三次全体会议在北京举行。全会彻底否定了"以阶级斗争为纲"的错误理论和实践,冲破了党的指导思想上存在的教条主义和个人崇拜的严重束缚,作出了把全党的工作重点转移到社会主义现代化建设上来、实行改革开放的重大战略决策,从而开启了改革开放和社会主义现代化建设的新的历史阶段。

▲ 1978年12月18日,中国共产党第十一届三中全会在北京召开。这次会议是1949年以来中国共产党历史上具有深远意义的重要转折。图为十一届三中全会通过会议公报。(新华社资料照片)

第三章 敢于刀刃向内，勇于自我革命

改革开放以来，中国的经济建设突飞猛进地快速发展。随着经济的发展，体制的变革，社会的变化，党员、干部队伍也面临着新的挑战，受到了很大的影响，这种影响既有有利的方面，也有不利的部分。

面对着这新的形势、新的变化，中国共产党居安思危，始终不忘在经济社会发展中保持党的队伍的先进性和纯洁性。

开始于1983年下半年，结束于1987年5月的整党，就是为了"统一思想，整顿作风，加强纪律，纯洁组织"的重要举措。

这次整党是中国共产党在改革开放和社会主义现代化建设新时期进行的一次自我革命，其目的，就是为了使党风状况实现根本好转，党的队伍更加纯洁，更为先进。

"这股风必须坚决刹住"

党在1978年12月召开的十一届三中全会，是建立中华人民共和国以来党的历史上具有重大深远意义的伟大转折。随着改革开放政策的实施，我国经济快速发展，但与此同时，党内也出现了一些新的问题。其主要表现就是一些干部被腐蚀，并参与了经济犯罪活动，而且情况还相当严重。

1980年8月18—23日，中共中央政治局扩大会议在北京召开。18日，邓小平在会上作了题为《党和国家领导制度的改革》的重要讲话。他在讲话中指出：

现在有些青年，有些干部子女，甚至有些干部本人，为了出国，为了搞钱，违法乱纪，走私受贿，投机倒把，不惜丧失人格，丧失

国格，丧失民族自尊心，这是非常可耻的。……在国内经济工作中，歪曲现行经济政策，利用经济管理工作中的漏洞而进行各种违法活动的个人、小集团甚至企业、单位，也有所增加。对于这种反社会主义的违法活动和犯罪分子，也必须严重警惕，坚决斗争。

随后的 1982 年 4 月 10 日，邓小平在中央政治局讨论《中共中央、国务院关于打击经济领域中严重犯罪活动的决定》的会议上的讲话中，又深刻地揭示出问题的严重性："我们自从实行对外开放和对内搞活经济两个方面的政策以来，不过一两年时间，就有相当多的干部被腐蚀了。卷进经济犯罪活动的人不是小量的，而是大量的。犯罪的严重情况，不是过去'三反'、'五反'那个时候能比的。那个时候，贪污一千元以上的是'小老虎'，一万元以上的是'大老虎'，现在一抓就往往是很大的'老虎'。报上登的一个从宽处理的，贪污六千元；一个判十五年徒刑的，贪污五六万元。现在的大案子很多，性质都很恶劣，贪污的或者损害国家利益的，都不止是什么'万字号'。有些是个人犯罪，有些是集体犯罪。"

邓小平认为，"这股风来得很猛。如果我们党不严重注意，不坚决刹住这股风，那末，我们的党和国家确实要发生会不会'改变面貌'的问题。这不是危言耸听。"

邓小平谈到的问题绝对不是危言耸听。早在古希腊时期，著名哲学家亚里士多德就说过，"群众对自己不担任公职，不一定感觉懊恼"，"但一听到公务人员正在侵蚀公款，他们就深恶痛绝。"腐败问题会严重影响党群关系和干群关系，影响到党执政地位的巩固，所以，这股风必须坚决刹住。

第三章　敢于刀刃向内，勇于自我革命

使党风根本好转

1982年9月1—11日，党的第十二次全国代表大会在北京召开。会议提出要"有计划有步骤地进行整党，使党风根本好转"。

十二大报告深刻分析了党风的现状，认为"即使遭受了'文化大革命'的严重伤害，我们党的队伍的主流仍然是纯洁和强有力的。经过这几年的恢复和整顿，党的状况有了很大的改善，党的威信正在恢复和提高。几年来，各条战线的优秀共产党员带领广大群众为执行党的路线、方针和政策，艰苦奋战，创造了层出不穷的英雄业绩。"

十二大报告同时指出："但是，由于十年内乱的流毒至今还没有

▲ 中国共产党第十二次全国代表大会预备会议1982年8月30日下午在人民大会堂举行。图为代表们一致通过大会议题。（新华社记者　崔宝林　摄）

完全肃清，也由于在新的情况下各种剥削阶级思想的腐蚀作用有所增长，目前我们党确实存在思想不纯、作风不纯和组织不纯的问题，党风还没有根本好转。一些党组织领导工作中的软弱涣散现象还严重存在。一些基层组织缺乏应有的战斗力，甚至陷于瘫痪状态。有少数党员和干部，或者对工作极不负责，官僚主义严重；或者生活特殊化，利用职权谋取私利；或者闹无政府主义、极端个人主义，破坏党的组织纪律；或者顽固地进行派性活动，严重损害党的利益。个别党员和干部甚至堕落到贪污腐化，营私舞弊，进行严重的经济犯罪活动。……这些现象严重地损害了党的威信。"

党风问题关系到执政党的生死存亡。为了解决党内存在的突出问题，使党风根本好转，"中央决定从明年（1983年——引者注）下半年开始，用三年时间分期分批对党的作风和党的组织进行一次全面整顿。"

报告要求，"要通过这次整党，使党内政治生活进一步正常化，切实纠正不正之风，大大加强党同群众的密切联系。"

整党的全面部署

党的第十二次全国代表大会决定，从1983年下半年开始，用三年时间对党的作风和组织进行一次全面整顿。

1983年10月11—12日在北京召开的党的十二届二中全会讨论了如何贯彻执行这一重要决定的问题，并作出了《中共中央关于整党的决定》（以下简称《决定》），对整党进行了全面的部署。

《决定》认为，我们党是久经考验的伟大的马克思主义的党。尽管十年内乱使我们党受到了严重损害，党的队伍的主流仍然是纯洁的和具有强大战斗力的。但是，目前党内仍然存在许多严重的问题。有些党员对拨乱反正的伟大意义缺乏认识，还没有站到马克思主义路线的立场上来，有些党员对社会主义制度的基本原则和优越性、共产主义的光明前途认识模糊，思想混乱。在思想战线上，有些党员对违反马克思主义和社会主义的思想熟视无睹，有的甚至公然传播这些思想。有些党员和党员干部个人主义严重，甚至恶性膨胀，为谋求个人和小团体的利益，不惜采取各种手段损害国家和人民的利益，走上犯罪道路。有些党员和党员干部组织观念淡薄，纪律松弛，精神不振，无所作为，不起先锋模范作用。有些党组织软弱涣散，甚至处于瘫痪状态，丧失战斗堡垒作用。在党内，"三种人"即追随林彪、江青反革命集团造反起家的人，帮派思想严重的人，打砸抢分子，还没有完全清理。这种思想、作风、组织上的严重不纯，对党的危害极大，必须坚决有效地加以整顿。

这次整党的任务，是"统一思想，整顿作风，加强纪律，纯洁组织"。

统一思想，是进一步实现全党思想上政治上的高度一致，纠正一切违反四项基本原则、违反十一届三中全会以来党的路线的"左"的和右的错误倾向。

《决定》认为，"目前，党内在这个问题上，存在两种错误倾向。一种是一些党员和党员干部还没有从过去'左'倾思想的束缚中解放出来，他们歪曲四项基本原则，对十一届三中全会以来党的路线、方针和基本政策持抵触态度，有的甚至阳奉阴违、公开抗拒；一种是一些党员和党员干部经不起历史挫折的考验和资本主义思想的侵蚀，他们怀疑和否定四项基本原则，背离十一届三中全会以来党的路线、方针和基本政策，宣扬资产阶级自由化。这种'左'和右的错误倾向,都是同党的性质、纲领和党所肩负的历史使命不相容的。"

整顿作风,就是发扬全心全意为人民服务的革命精神,纠正各种利用职权谋取私利的行为,反对对党对人民不负责任的官僚主义。

《决定》认为,"现在,有些党员和党员干部,根本忘记了全心全意为人民服务的宗旨。他们不是正确地运用党和人民给予的职权和工作条件为人民群众谋幸福,而是千方百计地为自己或为自己周围的一些人谋取私利。他们向党伸手,争地位,闹待遇。他们公然违反财经纪律,破坏国家计划,违反国家经济政策,截留税收利润,巧立名目,挥霍、浪费、侵吞国家和集体的财物。他们在住房、调整工资和子女亲友的就业、升学、提干、安排工作、农村户口转为城镇户口以及涉外工作等方面,利用职权、利用工作上的方便和私人关系搞特殊化,违法乱纪,侵害国家利益和群众利益。他们无视国家法律,袒护、包庇犯罪分子,甚至直接参与走私贩私、贪污受贿、投机倒把等犯罪活动。

"还有些担任领导职务的党员干部,官僚主义严重,革命意志衰退,饱食终日,无所用心。他们对群众的疾苦漠不关心,对生产的发展、体制的改革、精神文明的建设漠不关心,在工作中互相扯皮、互相推诿,甚至互相拆台。他们的严重失职,导致生产建设中的惊人浪费和国家行政中的重大失误,使党和国家在政治上和经济上蒙受巨大损害。

"这些不正之风和腐朽现象,对社会主义现代化建设起着严重的破坏作用,严重地损害了党在人民中的形象,削弱了党内外群众对社会主义制度的优越性和共产主义的光辉前途的信念,挫伤了他们的政治、生产、工作、学习的积极性。这次整党必须下决心解决这个问题，坚决扫除这些歪风。"

加强纪律，就是坚持民主集中制的组织原则，反对无组织无纪律的家长制、派性、无政府主义、自由主义，改变党组织的软弱涣散状况。

《决定》认为，"现在，在党的不少组织和党员中，仍未清除十年内乱流毒的影响，违反民主集中制的现象还相当严重。一方面，有些领导干部凌驾于组织之上，集体领导徒具虚名，实际上是个人说了算；有的甚至把自己主管的单位，变成可以任意支配的领地，称王称霸。另一方面，有一部分党员和党员干部无视党的组织原则和党的纪律，无政府主义、自由主义、分散主义、本位主义、宗派主义相当严重。特别需要指出的是，十年内乱中产生的派性在一部分党员和党员干部中至今尚未克服，他们仍然以派性代替党性，以派划线，任人唯亲，排斥异己，结帮营私，严重危害党的团结统一，妨碍党的路线、方针、政策的贯彻执行。不少党组织的组织生活很不健全，不能开展批评和自我批评，不能严格执行党的纪律，违犯党的纪律和其他不良现象得不到制止和纠正。有些领导干部不但不能带头开展批评和自我批评，同不良倾向作斗争，反而处处回避矛盾，以不得罪人为原则，有的压制批评，打击报复。这些现象，在这次整党中一定要彻底改变。"

纯洁组织，就是按照党章规定，把坚持反对党、危害党的分子清理出来，开除出党。

《决定》指出："纯洁组织是这次整党的一个重要目的。"而纯洁组织的关键，是清理"三种人"。所谓"三种人"：

一是造反起家的人，即那些在"文化大革命"期间，紧跟林彪、江青一伙拉帮结派，造反夺权，升了官，干了坏事，情节严重的人。

二是帮派思想严重的人，即那些在"文化大革命"期间，极力宣扬林彪、江青反革命集团的反动思想，拉帮结派干坏事，粉碎"四人帮"以后，明里暗里继续进行帮派活动的人。

三是打砸抢分子，即那些在"文化大革命"期间，诬陷迫害干部、群众，刑讯逼供，摧残人身，情节严重的人；砸机关、抢档案、破坏公私财物的主要分子和幕后策划者；策划、组织、指挥武斗造成严重后果的分子。

整党的步骤是：从中央到基层组织，自上而下、分期分批地整顿。每个单位党组织的整顿，也要自上而下，先领导班子、领导干部，后党员群众。

整党的基本方法是：在认真学习文件、提高思想认识的基础上，开展批评和自我批评，分清是非，纠正错误，纯洁组织。在整党过程中，自始至终都要加强思想教育，着眼于提高广大党员的思想觉悟。

为加强对整党工作的领导，中央成立了中央整党工作指导委员会，在中央领导下开展工作，主要职责是：了解情况，掌握政策，督促检查，指导宣传。

整党分三期进行。按照《决定》的最初设想，整党分两批进行，用三年的时间。"全党现有四千万党员，其中有九百多万干部，有近二百五十万个基层和基层以上的党组织。在从今年（1983年——引者注）冬季起的三年内，分两期整顿完毕。第一期，从今冬（1983年——引者注）开始整顿中央一级、省市自治区一级（这两级包括各部委办司厅局）和解放军各总部、各军兵种、各大军区一级的领导机关中的党组织。在这期间，省市自治区党委可以指定一些已经完成机构改革的地、县级党组织，作为试点，进行整党。军队也可以进行类似的试点。第二期，从一九八四年冬开始整顿其他所有的党组织，这一期如何分批进行，由各省市自治区党委和解放军总政治部根据实际情况具体部署。"

但是，由于当时全国正在进行机构改革，地、县两级党组织受机构改革进度的影响，开展整党的时间不一，因此，中央对整党的批次安排做了及时调整，将省、市自治区以下的党组织的整顿，由一期（批）改为分两期（批）进行。这样一来，整党实际上就分了三期进行，时间上也有所延长，实际上用了三年半的时间。

第一期，是从1983年11月开始至1985年年初基本结束。整顿的对象是中央一级、省市自治区一级（这两级包括各部委办司厅局）和解放军各总部、各军兵种、各大军区一级的领导机关中的党组织。参加的党员人数约为101万名。

第二期，是从1984年冬开始至1985年年底基本结束。整顿的对象是地、县两级以及相当于这两级的厂矿企业、大专院校、科研单位的党组织。参加的党员人数约为1002万名。

第三期，是从1985年冬开始至1987年4月基本结束。整顿的对象，是县以下的农村基层党组织，包括县以下企事业单位和城市街道的党组织。参加的党员人数约为2800万名。

三期整党，基本上都是按照中央整党决定规定的四项基本任务和基本的方针、政策、部署进行的，并注意了从每期整党单位的实际出发，根据整党形势和建设、改革形势发展的需要，在突出解决的重点问题上，各自有所侧重。

党的组织进一步纯洁

1987年5月26—30日,全国整党工作总结会议在北京召开。5月26日,薄一波代表中央整党工作指导委员会作《关于整党的基本总结和进一步加强党的建设》的报告,宣布历时三年半的全国整党工作基本结束。

对于这次整党的主要成绩,报告说,中央整党工作指导委员会认为,这次整党是有成绩的,有不少地方、部门和单位的成绩还比较显著,而且一期比一期整得好些,各级党组织和整党办事机构做了大量的认真的工作,广大党员和党员干部积极参加整党,广大党外群众和朋友热情支持整党。总的说来,全党在思想、作风、纪律、组织四个方面,都比整党前有了进步,党内存在的三个严重不纯的状况,已经有了改变,同时,积累了一些正确处理党内矛盾和问题的重要经验。这些都为新时期党的建设的加强和发展,奠定了一个比较良好的基础。

在总结了主要成绩的同时,报告也指出了存在的主要问题:整党工作发展不平衡,有一部分单位包括一些高、中级党政领导机关,没有全面完成整党的四项基本任务,有的甚至走了过场,以致影响和损害了整党工作在群众中的声誉。整党搞得比较好的单位,在党风和其他方面也还遗留了一些问题,需要在今后经常的党的建设中继续加以解决。

对于这次整党的主要经验,报告中总结为两点:

第一,这次整党没有采取大轰大嗡、大搞"群众运动"的方式,成功地避免了过去政治运动中盛行的一套"左"的做法。在三年半整党中,始终注意坚持对广大党员进行正面教育,着眼于提高他们的思想政治素质。同时，始终强调发扬民主，走群众路线，激励并引导党员干部和党员努力学习在新的历史条件下正确处理党内矛盾的方法。这些都促进和保证了这次整党既解决党内存在的一些突出问题，又不像过去的一些政治运动那样，留下很多后遗症，没有引起社会局势的动荡。对于属于思想认识的问题，坚持采取教育疏导的方针。解决党员中的错误思想，主要采取启发自觉、积极帮助纠正的方法，并且实行"不打棍子、不扣帽子、不抓辫子、不装袋子"的政策。解决一些党员、党员干部之间存在的隔阂和不团结问题，采取广泛开展相互谈心、交心的方式进行。对于处理危害党的利益，有严重问题的党员，坚持以事实为依据，以党纪国法为准绳，力求所做的结论和处理决定，经得起历史检验。坚持只解决党内存在的问题，不整党外朋友和群众。所有这些处理党内矛盾的方法，实践证明是正确有效的。"左"的错误从五十年代后期产生到"文化大革命"的全面泛滥，前后达二十年之久，流毒很深。这次整党能够有效地防止和避免过去常用的大轰大嗡等"左"的做法，的确是件非常不容易的事情。

第二，这次整党始终注意了正确处理整党工作同改革、经济工作的关系，总的说来，做到了互相结合，互相促进。在历史上的多次整党中，往往就是因为处理不好两者的关系，结果影响和干扰了经济工作及其他业务工作的发展。这次整党吸取了这个历史教训。各级整党工作都坚持贯彻执行整党促改革、促经济的根本指导思想，注意结合改革、经济工作的实际，适应它们的需要，努力通过党的思想、作风、纪律和组织的整顿，为改革和经济的发展创造条件，排除障碍，增加动力。随着改革和经济建设的深化而暴露出来的一些消极现象，如新的不正之风、"一切向钱看"的思想以及资产阶级自由化思潮等,则给整党工作提出了新的课题,针对这些现象,我们在整党中更注意了加强对党员的党性、党风、党纪教育和马克思主义基本理论教育。党员觉悟的提高,反对和抵制各种腐朽思想和不正之风的能力的增强,从思想政治上有力地保证了改革和经济的健康发展。这也是一条很重要的经验,它对今后党的整顿和建设具有长远指导意义。

报告中还指出,整党,即集中一段时间进行党的全面整顿,当然是很必要、很重要的形式;但它毕竟只是其中的一种形式,并不是唯一的形式。希望通过一次整党把党内存在的问题都解决了,是不现实、不可能的。

新时期我们党的建设的总任务,就是要把党建设成为能够胜任领导社会主义现代化事业健康发展并取得胜利的坚强核心。这当然不是短时期所能实现的,必须依靠全党同志进行长期不懈的努力。三年半整党只是在这方面有了一个良好的开端,我们面临的党的建设的重大问题还很多。因此,整党结束以后,各级党组织决不能有丝毫的松懈情绪,必须把整党中尚未解决或尚未完全解决的问题继续解决好,认真搞好从集中整党向经常性的党的建设的过渡。

总之,通过整党,党内存在的思想、作风、组织严重不纯的状况有了很大改变,广大党员特别是领导干部加深了对党的十一届三中全会以来路线方针政策的理解,党的组织也进一步纯洁。

第四章

夯实党的团结统一的思想基础

重视思想建设是党的优良传统，也是党100年来保持先进性的一个重要奥秘。邓小平同志指出："思想路线不是小问题，这是确定政治路线的基础。正确的政治路线能不能贯彻实行，关键是思想路线对不对头。"① 习近平总书记也强调："思想建设是党的基础性建设。革命理想高于天。共产主义远大理想和中国特色社会主义共同理想，是中国共产党人的精神支柱和政治灵魂，也是保持党的团结统一的思想基础。"②

党诞生100年来，一直坚持思想建党，注重维护党的团结和集中统一，要求党员保持政治忠诚，用马克思主义中国化成果为党注入活力，从而保证了党的先进性。

---

① 邓小平:《思想路线政治路线的实现要靠组织路线来保证》(1979年7月29日)，《邓小平文选》第2卷，北京：人民出版社1994年版，第191页。
② 习近平:《决胜全面建成小康社会 夺取新时代中国特色社会主义伟大胜利》(2017年10月18日)，新华社，2017年10月27日。

必须维护党的团结和统一

习近平总书记强调指出:"党的历史、新中国发展的历史都告诉我们:要治理好我们这个大党、治理好我们这个大国,保证党的团结和集中统一至关重要,维护党中央权威至关重要。"①

维护党的团结和集中统一,是重要的政治纪律和政治规矩之一。

团结和集中统一是党的力量所在

1943年6月,在晋察冀边区平山县黄泥区的一个小村子里,诞生了一首经典名曲,这就是《团结就是力量》。歌中唱道:"团结就是力量,这力量是铁,这力量是钢,比铁还硬,比钢还强……"

这首歌的比喻非常恰如其分。俗话说"一根筷子容易折,一把筷子不易弯";"孤则易折,众则难摧"。如果一个集体钩心斗角,心想不到一块,劲儿就使不到一块,自然也就没有力量;如果一个集体团结和谐,大家在一个共同的目标引导下,齐心合力,就没有战胜不了的困难。历史证明了这一观点的正确性。

当年,在民族生死存亡的危难之际,中国共产党人以极大的政治勇气和宽阔胸襟,高扬起团结的旗帜,摒弃前嫌,建立了最广泛的抗日统一战线,将日本侵略者赶出了中国。

---

① 《中共中央政治局召开民主生活会 习近平主持会议并发表重要讲话》,新华社,2016年12月27日。

第四章　夯实党的团结统一的思想基础

有人曾经用下面这几个公式来说明在一个团队中团结的重要性：

发挥优势，取长补短：$1+1>2$；

相安无事，彬彬有礼：$1+1=2$；

貌合神离，问题成堆：$0<1+1<2$；

双方斗气，躺倒不干：$1+1=0$；

矛盾激化，互相拆台：$1+1<0$。

由上述公式可以很清楚地看出，团结有力量。不团结、闹分裂，没有好结果。

当年张国焘就是因为与党中央闹分裂，致使红四方面军三过草地，损失严重。原武汉军区副政委任荣曾经回忆说：

自1935年6月红一、四方面军会师后，党中央决定集中红军主力向北发展，创建川陕甘革命根据地。但张国焘自恃人多枪多，置中央决定于不顾，搞分裂、搞反党阴谋，强令四方面军部队南返，企图在四川、西康两省交界的少数民族聚居地建立根据地……

行军的第三天，我们蹚过一条一米多深的小河，然后踏上小石山。在路右边的小山崖下，看见躺着许多牺牲的同志，我们只有默默地向他们的遗体告别。由于风雨、泥泞、寒冷的折磨，饥饿的熬煎，高山缺氧的反应，大家的身体越来越弱。不少同志走着走着就倒下去了。有的腿没有力，上不去山坡，一坐下就再也起不来了。加之大部队走后，无力收容救治，使得许多同志长眠在这荒无人烟的草地上。这是张国焘搞分裂造成的恶果。

事实说明，南下是没有出路的。因为路线的错误，部队屡屡受挫。特别是百丈镇一战的失利，我军伤亡惨重。红军将士以生命的代价，宣告了张国焘南下路线的破产。值得欣慰的是，在党中央的关怀下，红四方面军又三过草地，与红二方面军一同北上，终于重新回到了正确的轨道。

将军动情地告诉记者："三过雪山草地的经历，让我们深深体会到了离开党的正确领导的滋味。从此以后，我更加坚定了对党的信念，坚定了对革命事业的信念，一生都没有动摇过。"[①]

任荣将军用他经历过的事实告诉后人，一个组织团结才有力量，闹分裂绝对没有好下场。

要真团结不要假团结

团结是党的生命。但这种团结必须是真团结，而不是假团结。假团结比公开的不团结危害更大。要真团结，不要假团结，首先需要明确这样两个问题：

第一，团结不是"结团"。某省交通厅连续三任厅长"前腐后继"。其中一位在评说这一现象时认为，"主要原因就是班子不团结，互相斗来斗去"。其实，这位贪官所说的"团结"，是"结团"，而不是"团结"。

"团结"与"结团"貌似都是不同的人聚集在一起，但它们却有着本质的区别。

这种本质的区别，概括说来就是："团结为公，结团为私。"团结提倡组织成员畅所欲言，在集思广益中形成共识，在思想碰撞中共同提高，在发扬民主中团结共事。而"结团"是对内专断、对外

[①] 卜金宝、赵广亮：《三过雪山草地》，《解放军报》，2007年5月31日。

专横，不允许任何人发表不同的意见。

合格的党员干部的团结不是"结团"。因为合格的党员干部的团结考虑的是大局、是人民、是事业，是为了崇高的理想和伟大的事业而聚集在一起；而那些思考的是小团体、是私利，是为了个人的利益而结成一团的"党员干部"，不是合格的党员干部。

团结与民主相伴，"结团"与专断相随。周恩来同志对团结有一句非常精辟的论述："团结就是在共同点上把矛盾和各方统一起来。"

合格的党员干部是讲民主的，他们善于听取不同的意见，善于团结他人，甚至是反对过自己的人；相反，那些蛮横专断，听不得任何不同意见的人，是与合格的党员干部存在差距的。

第二，团结要讲原则。叶剑英同志曾经说过，我们讲团结是有是非原则的……要把真理与错误区别开来，不能搞无原则的一团和气，必须注意从斗争中求团结。

有一位名人也说过这样的话："团结是重要的，但还有比团结更重要的，那就是原则，离开原则，团结是搞不好的。"

合格的党员干部的团结不是搞无原则的一团和气，当"好好先生"，而是有是非原则的。

"好好先生"为人处世的哲学是"你好我好大家好，你吹我吹大家吹。你讲我的功劳，我说你的成绩；你向外宣传我，我向外宣传你；你向上举荐我，我向上举荐你；你说我处处先进，我说你优秀无比"。没有原则、没有立场、没有是非，有的只是圆滑。他们不讲原则、立场和是非，凡事皆曰好。

显然，这不是合格党员干部的行为。合格党员干部的团结，是敢于拿起批评和自我批评的武器，敢于同不良现象作斗争，在斗争中求团结。

坚持以"两个维护"引领党的团结统一

一个合格的党员干部,必须带头做到"两个维护",坚决维护习近平总书记党中央的核心、全党的核心地位,坚决维护党中央权威和集中统一领导。这不仅关系着党自身的生存和发展,而且直接关系到党的纲领和政治任务的实现。党员干部怎样做到这一点呢?

第一,深刻认识"两个维护"的极端重要性。要治理好我们这样的大国,维护习近平总书记党中央的核心、全党的核心地位至关重要,维护党中央的权威、维护党的团结和集中统一至关重要,各级党员干部必须对这个问题的重要性有清醒的认识和正确深刻的认知。

习近平总书记在党的十九届五中全会上强调,我国有独特的政治优势、制度优势、发展优势和机遇优势,经济社会发展依然有诸多有利条件,我们完全有信心、有底气、有能力谱写"两大奇迹"新篇章。在新发展阶段谱写新篇章,归根结底离不开党强有力的领导。这些优势能否得到充分发挥,有利条件能否得到充分利用,关键在党。这也是我们党永葆先进性的重要原因,即全党上下始终紧密团结在一起。

广大党员干部必须紧密团结在以习近平同志为核心的党中央周围,才能实现党的团结和统一,才能形成坚强的中国特色社会主义事业的领导核心。党的团结和集中统一是形成坚强领导核心的必要条件。没有这个条件,党的组织就会处于一盘散沙的状态。一个一盘散沙的组织,谈不上领导核心,更谈不上中国特色社会主义事业的领导核心。

正如毛泽东同志所讲:"一个桃子剖开来有几个核心吗?只有一个核心。"习近平总书记强调,"保证全党服从中央,坚持党中央权威和集中统一领导,是党的政治建设的首要任务"。

党只有团结和集中统一,才能有全国各族人民的团结一致。中国共产党是执政党,党的团结集中统一状况如何,直接影响着全国各族人民的团结状态。如果党的内部不团结,群众之间的团结就搞不好;党内如果很团结,群众之间即使有问题,也很容易解决。从而形成安定团结的大好局面。

而人民的团结、国内各民族的团结是中国特色社会主义建设事业必定胜利的基本保证。正如毛泽东同志在《为争取千百万群众进入抗日民族统一战线而斗争》一文中所讲:

只有经过共产党的团结,才能达到全阶级和全民族的团结,只有经过全阶级和全民族的团结,才能战胜敌人,完成民族和民主革命的任务。

中国共产党的政治优势就在于此,每一位党员干部都应该认识到,一个人不管能力有多大,在浩瀚宇宙面前只不过是沧海一粟;一个政党即使是掌握执政资源的政党,在有着大海般力量的人民群众面前也只不过是一泓浅水。我们党虽然是一个拥有9000多万党员的大党,但在近14亿人口中毕竟只占少数,靠少数人是不可能实现中国特色社会主义现代化的,也是不能实现中华民族伟大复兴的。

古人云:"乘众人之智,则无不任也;用众人之力,则无不胜也。"实现中国特色社会主义现代化,实现中华民族伟大复兴,必须调动和依靠全民族的积极性和创造力。只有坚定做到"两个维护",才能把党员干部、人民群众凝聚起来,从而形成无坚不摧的磅礴力量。

第二,做到"两个维护"要体现在坚决贯彻党中央决策部署的行动上。"两个维护"关系的是党和国家的前途命运，关系的是全国各族人民根本利益，因此，要做到"两个维护"，绝对不能只喊喊口号、装装样子，必须脚踏实地，落到实处。

2019年7月9日，习近平总书记在中央和国家机关党的建设工作会议上的讲话中强调，讲政治是具体的，"两个维护"要体现在坚决贯彻党中央决策部署的行动上，体现在履职尽责、做好本职工作的实效上，体现在党员、干部的日常言行上。战争年代，党中央和毛主席用电台指挥全党全军，"嘀嗒、嘀嗒"就是党中央和毛主席的声音，全党全军都无条件执行。

做到"两个维护"，要涵养信仰之魂，筑牢思想根基，做习近平新时代中国特色社会主义思想的坚定信仰者和自觉践行者。当前，国际局势风云变幻，新冠肺炎疫情仍然在国际上肆虐，我国发展不平衡不充分问题仍然突出，国情、党情、社情发生了深刻变化，无论面对何等严峻复杂的考验，中国共产党人从来没有放弃过自己的奋斗目标。激励着中国共产党人不懈奋斗的力量源泉在哪里呢？正如习近平总书记在十八届中央政治局第一次集体学习时强调的："坚定理想信念，坚守共产党人精神追求，始终是共产党人安身立命的根本。对马克思主义的信仰，对社会主义和共产主义的信念，是共产党人的政治灵魂，是共产党人经受住任何考验的精神支柱。"

做到"两个维护"，要增强"四个意识"，提升政治站位。党的十八以来，中央反复强调要增强政治意识、大局意识、核心意识、看齐意识，只有增强"四个意识"，自觉在思想上政治上行动上同以习近平同志为核心的党中央保持高度一致，才能使我们党更加团结统一、坚强有力，始终成为中国特色社会主义事业的坚强领导核心，这正是中国共产党在对改革开放以来党的建设的经验与教训的深刻总结基础上得出的结论。面对复杂的国内外环境，党员干部要把好政治方向、站稳政治立场，提高政治敏锐性和政治鉴别力，对党和人民绝对忠诚。

做到"两个维护"，要强化政治担当，不断提升政治能力。政治能力是党员、干部第一位的能力。政治能力所反映的是政治信仰、政治立场、政治态度，事关政治纪律，这便要求领导干部在思想上、政治上排除各种干扰、消除各种困惑，坚持正确立场、保持正确方向，具有与党中央保持高度一致的坚定性。做到"两个维护"，要以过硬的政治能力把"两个维护"的要求落细落实在各项工作中。力戒从本本中来、到本本中去。要在工作实践这个大熔炉中，在改革、创新、发展的一项项重大政治任务中，自觉站在马克思主义立场上思考问题，自觉用习近平新时代中国特色社会主义思想武装头脑，把"两个维护"融入具体工作。

必须坚守政治忠诚

忠诚是党员干部的党性原则和政治品质，是保持党的先进性、纯洁性的政治基础，是推进党和人民事业发展的政治保证。对于党员干部来说，"忠诚"主要体现为一种政治忠诚，表现为信仰执着，服从大局，立场坚定。

政治忠诚是共产党人的基本政治伦理

政治伦理，是在社会政治生活中调节、调整人们的政治行为及政治关系的道德规范和准则标准。中国共产党作为一个政治组织，其基本的政治伦理，就是要求其组织成员保持政治忠诚。

1921年中国共产党一大上通过的《中国共产党纲领》（俄文译稿）中规定："凡承认本党党纲和政策，并愿成为忠实的党员者，经党员一人介绍，不分性别，不分国籍，都可以接收为党员，成为我们的同志。但是在加入我们的队伍以前，必须与那些与我们的纲领背道而驰的党派和集团断绝一切联系。"

这就明确提出，要加入中国共产党，必须是"忠实的党员者"；"在加入我们的队伍以前，必须与那些与我们的纲领背道而驰的党派和集团断绝一切联系"一语，则是要求党员必须对本组织忠诚。

1922年7月16—23日在上海召开的中共二大通过的《中国共产党章程》，是中国共产党的第一个正式党章，共六章二十九条。

其第一章第一条规定："本党党员无国籍性别之分，凡承认本党宣言及章程并愿忠实为本党服务者，均得为本党党员。"

第四章　夯实党的团结统一的思想基础

"愿忠实为本党服务者"是成为中国共产党党员的标准。

1956年9月26日党的八大通过的《中国共产党章程》，在第一章第二条党员的义务中，首次明确了"对党忠诚老实，不隐瞒和歪曲事实真相"是党员十项义务中之一项义务。

自1977年8月18日党的十一大通过的《中国共产党章程》开始，到2017年10月党的十九大通过的《中国共产党章程》则一直都把"对党忠诚老实"规定为党员的八项义务之一。

党员干部遵守政治纪律，必须坚守政治忠诚。那么，党员干部如何坚守政治忠诚？

"对党忠诚，不是抽象的而是具体的，不是有条件的而是无条件的，必须体现到对党的信仰的忠诚上，必须体现到对党组织的忠诚上，必须体现到对党的理论和路线方针政策的忠诚上。"[1]习近平总书记的这段话明确地回答了党员干部如何坚守政治忠诚这个问题。

忠诚于党的信仰

马克思主义是共产党人的坚定信仰。邓小平同志曾经指出："为什么我们过去能在非常困难的情况下奋斗出来，战胜千难万险使革命胜利呢？就是因为我们有理想，有马克思主义信念，有共产主义信念。"历史告诉我们，没有先进理论的指导，没有用先进理论武装起来的先进政党的领导，没有先进政党顺应历史潮流、勇担历史重任、敢于做出巨大牺牲，中国人民就无法打败压在自己头上的各种反动派，中华民族就无法改变被压迫、被奴役的命运，我们的国家

---

[1] 习近平：《中共中央政治局召开民主生活会　习近平主持会议并发表重要讲话》，新华社，2016年12月27日。

就无法团结统一、在社会主义道路上走向繁荣富强。

指导思想是一个政党的精神旗帜。马克思主义是我们立党立国的根本指导思想。九十多年来，中国共产党之所以能够完成近代以来各种政治力量不可能完成的艰巨任务，就在于始终把马克思主义这一科学理论作为自己的行动指南，并坚持在实践中不断丰富和发展马克思主义。这使中国共产党得以摆脱以往一切政治力量追求自身特殊利益的局限，以唯物辩证的科学精神、无私无畏的博大胸怀领导和推动中国革命、建设、改革，不断坚持真理、修正错误。正如习近平总书记所指出的："无论是处于顺境还是逆境，中国共产党从未动摇对马克思主义的信仰"，"背离或放弃马克思主义，中国共产党就会失去灵魂、迷失方向。在坚持马克思主义指导地位这一根本问题上，我们必须坚定不移，任何时候任何情况下都不能有丝毫动摇。"①

忠诚于党的理论和路线方针政策

只有掌握科学理论才能把握正确前进方向；只有立足实际、独立自主开辟前进道路，才能不断走向胜利。在正确理论的指导下，中国共产党制定了正确的路线、方针和政策，从而为国家持续发展和长治久安奠定了坚实基础。党员干部应学习、发展和珍重党的理论，坚定地执行党的路线、方针和政策，始终保持讲政治的思想意识，这是对党忠诚的核心要义。

忠诚于党的理论和路线方针政策，必须学习、发展和珍重党的

---

① 习近平：《在庆祝中国共产党成立 95 周年大会上的讲话》，人民网，2016 年 7 月 2 日。

理论。认识真理，掌握真理，信仰真理，捍卫真理，发展真理，珍重真理，是坚定理想信念的精神前提。

理论上清醒，政治上才能坚定。坚定的理想信念，必须建立在对马克思主义的深刻理解之上，建立在对历史规律的深刻把握之上。党员干部要深入学习马克思列宁主义、毛泽东思想、邓小平理论、"三个代表"重要思想、科学发展观，尤其是学习习近平新时代中国特色社会主义思想，不断提高马克思主义思想觉悟和理论水平，保持对远大理想和奋斗目标的清醒认知和执着追求。2019年2月中共中央印发的《关于加强党的政治建设的意见》指出："习近平新时代中国特色社会主义思想是当代中国马克思主义、21世纪马克思主义，是全党全国人民为实现中华民族伟大复兴而奋斗的行动指南，是经过实践检验、富有实践伟力的强大思想武器，必须长期坚持并不断发展。要深入学习习近平新时代中国特色社会主义思想，加强思想政治教育，推动学习教育往深里走、往心里走、往实里走，真正做到学深悟透、融会贯通、真信笃行，巩固全党全国人民团结奋斗的共同思想基础。"

忠诚于党的理论和路线方针政策，必须不折不扣地落实党的路线方针政策。习近平总书记在十九大报告中指出："全党同志必须全面贯彻党的基本理论、基本路线、基本方略，更好引领党和人民事业发展。"

2014年10月10—11日，全国党委秘书长会议在北京召开，习近平总书记作了重要批示："崇尚实干、狠抓落实是我反复强调的。如果不沉下心来抓落实，再好的目标，再好的蓝图，也只是镜中花、水中月。"① 习近平总书记的这一批示，深刻地说明了落实执行党的路

---

① 转引自刘少华：《习近平治国理政关键词：一分部署九分落实》，人民网·人民日报海外版，2017年6月22日。

线方针政策的重要性。

党的路线方针政策确定之后,重要的问题在于执行,在于实践,在于正确地贯彻执行。落实执行是党的路线方针政策的落脚点。习近平总书记在《关键在于落实》一文中强调指出:"我们的所有成就,都是干出来的。这里的关键,就是始终注重抓落实。如果落实工作抓得不好,再好的方针、政策、措施也会落空,再伟大的目标任务也实现不了。"[①]要把党的路线方针政策落到实处,执行是唯一的路径,没有他途,执行才是路线方针政策的落脚点。正如马克思所言:"一步实际运动比一打纲领更重要。"

我们强调党员干部要政治忠诚,但需要注意的是,"不能把党组织等同于领导干部个人,对党尽忠不是对领导干部个人尽忠,党内不能搞人身依附关系。干部都是党的干部,不是哪个人的家臣。有的干部信奉拉帮结派的'圈子文化',整天琢磨拉关系、找门路,分析某某是谁的人,某某是谁提拔的,该同谁搞搞关系、套套近乎,看看能抱上谁的大腿。有的领导干部喜欢当家长式的人物,希望别人都唯命是从,认为对自己百依百顺的就是好干部,而对别人、对群众怎么样可以不闻不问,弄得党内生活很不正常。邓小平同志早就说过:'上级对下级不能颐指气使,尤其不能让下级办违反党章国法的事情;下级也不应当对上级阿谀奉承,无原则地服从,"尽忠"。不应当把上下级之间的关系搞成毛泽东同志多次批评过的猫鼠关系,搞成旧社会那种君臣父子关系或帮派关系。'党内决不能搞封建依附那一套,决不能搞小山头、小圈子、小团伙那一套,决不能搞门客、门宦、门附那一套,搞这种东西总有一天会出事!有的案件一查处

[①] 习近平:《关键在于落实》,《求是》,2011年第6期。

就是一串人，拔出萝卜带出泥，其中一个重要原因就是形成了事实上的人身依附关系。在党内，所有党员都应该平等相待，都应该平等享有一切应该享有的权利、履行一切应该履行的义务。"①

最后，请党员干部记住习近平总书记的这段话："政治纪律是最重要、最根本、最关键的纪律，遵守党的政治纪律是遵守党的全部纪律的重要基础。党的各级组织要加强对党员、干部遵守政治纪律的教育，党的各级纪律检查机关要把维护党的政治纪律放在首位，确保全党在思想上政治上行动上同党中央保持高度一致。"②

同时也提醒党员干部注意《条例》第四十九条和第五十二条。

第四十九条规定："在党内搞团团伙伙、结党营私、拉帮结派、培植个人势力等非组织活动，或者通过搞利益交换、为自己营造声势等活动捞取政治资本的，给予严重警告或者撤销党内职务处分；导致本地区、本部门、本单位政治生态恶化的，给予留党察看或者开除党籍处分。"

第五十二条规定："制造、散布、传播政治谣言，破坏党的团结统一的，给予警告或者严重警告处分；情节较重的，给予撤销党内职务或者留党察看处分；情节严重的，给予开除党籍处分。"

---

① 习近平：《严明党的组织纪律，增强组织纪律性》(2014年1月14日)，《十八大以来重要文献选编》(上)，北京：中央文献出版社2014年版，第769—770页。

② 习近平：《严明党的组织纪律，增强组织纪律性》(2014年1月14日)，《十八大以来重要文献选编》(上)，北京：中央文献出版社2014年版，第764页。

始终坚持解放思想和实事求是相统一

解放思想，实事求是，是马克思主义的精髓，是中国共产党的思想路线。探究中国共产党百年青春、永葆先进性的奥秘，至关重要的一条，就是中国共产党始终解放思想和实事求是相统一，用马克思主义中国化成果为党注入青春活力、精神动力。

马克思主义理论的精髓

马克思和恩格斯虽然没有明确地表述过"解放思想，实事求是"，但他们所创立的辩证唯物主义和历史唯物主义世界观，则为"解放思想，实事求是"这一中国共产党的思想路线奠定了坚实的理论基础。而马克思和恩格斯所进行的理论创造和革命活动也充分体现了这一思想路线。正如列宁所说，马克思辩证法要求对每一特殊的历史情况进行具体的分析。

列宁坚持和发展了马克思和恩格斯的辩证唯物主义和历史唯物主义世界观，坚决反对教条主义，强调具体问题具体分析。他在《立宪民主党人的胜利和工人政党的任务》一文中说："我们不否认一般的原则，但是我们要求对具体运用这些一般原则的条件进行特别的分析。抽象的真理是没有的，真理总是具体的。"他还具体论述说，同样一个纲领性条文在不同的地区，由于生活条件、文化和社会力量对比的不同，运用的方法也不同。针对同样一个纲领性要求而进行的鼓动工作，也要适应所有这些差别而采取不同的方法和说法。

第四章　夯实党的团结统一的思想基础

马克思、恩格斯和列宁虽然为"解放思想，实事求是"奠定了理论基础，但却没有形成明确的科学概念，是毛泽东、邓小平创造性地将马克思列宁主义的普遍真理同中国革命的具体实践相结合，明确地提出了这一科学的思想路线。

"实事求是"一词，最早出自《汉书·河间献王传》。它是东汉著名史学家班固赞誉汉景帝儿子刘德严谨治学态度的话。原文是："修学好古，实事求是，从民得善书，必为好写与之，留其实。"唐代的严师古注释"实事求是"说："务得事实，每求真实也。"这里是说，做学问，务必掌握详细真实的资料，以得出与实际相符合的结论。

毛泽东吸取了"实事求是"这一中国传统文化思想中的精华，并用马克思的辩证唯物主义和历史唯物主义来加以概括，从而赋予了它以新的内涵。

1941年5月，在延安干部工作会议上，毛泽东作了《改造我们的学习》的报告。在报告中，他对实事求是作了如下的阐述：

> "实事"就是客观存在着的一切事物，"是"就是客观事物的内部联系，即规律性，"求"就是我们去研究。我们要从国内外、省内外、县内外、区内外的实际情况出发，从其中引出其固有的而不是臆造的规律性，即找出周围事变的内部联系，作为我们行动的向导。①

毛泽东的精辟论述言简意赅地揭示了马克思主义的实质，集中体现了辩证唯物主义和历史唯物主义的根本要求。正如邓小平所说：

---

① 毛泽东：《改造我们的学习》（1941年5月19日），《毛泽东选集》第3卷，北京：人民出版社1991年版，第801页。

▲ 1943年11月落成的延安中共中央党校大礼堂，正面墙上镌刻着毛泽东的题词"实事求是"。（新华社资料照片）

"马克思、恩格斯创立了辩证唯物主义和历史唯物主义的思想路线，毛泽东同志用中国语言概括为'实事求是'四个大字。"[①]邓小平还说："毛泽东同志在延安为中央党校题了'实事求是'四个大字，毛泽东思想的精髓就是这四个字。毛泽东同志所以伟大，能把中国革命引导到胜利，归根到底，就是靠这个。"[②]

邓小平的这两段话，是对毛泽东思想的科学总结。的确，正是由于毛泽东在全党确立了实事求是的思想路线，才使我党克服了以教条主义的观点来对待马克思列宁主义原理的错误倾向，克服了把

---

① 邓小平：《坚持党的路线，改进工作方法》（1980年2月29日），《邓小平文选》第2卷，北京：人民出版社1994年版，第278页。

② 邓小平：《高举毛泽东思想旗帜，坚持实事求是的原则》（1978年9月16日），《邓小平文选》第2卷，北京：人民出版社1994年版，第126页。

第四章 夯实党的团结统一的思想基础

国际决议和苏联经验神圣化的错误观念,创造性地开辟了一条农村包围城市、武装夺取政权的中国革命的独特道路,创造性地将马克思列宁主义同中国革命的具体实践有机地结合起来,形成了毛泽东思想。正是在这一思想的指导下,我党领导中国人民战胜了各种艰难险阻,取得了中国革命的彻底胜利,建立了伟大的中华人民共和国,确立了社会主义制度。

在新民主主义革命时期,毛泽东用实事求是的思想路线领导中国人民取得了伟大的胜利;在社会主义建设时期,毛泽东依然强调要以实事求是的态度来对待马克思主义,探索中国自己的社会主义发展建设道路。

正是在实事求是思想的指导下,我党领导中国人民创造性地实现了从新民主主义到社会主义的转变,并取得了很大的社会主义建设成就。然而,遗憾的是,"文化大革命"期间这一思想路线受到了严重的破坏。

粉碎"四人帮"之后,邓小平以马克思主义者的远见卓识和非凡胆略,以辩证唯物主义和历史唯物主义的科学态度,重新号召全党坚持"实事求是"的思想路线,并将"解放思想"与"实事求是"统一了起来。他说:

目前进行的关于实践是检验真理的唯一标准问题的讨论,实际上也是要不要解放思想的争论。大家认为进行这个争论很有必要,意义很大。从争论的情况来看,越看越重要。一个党,一个国家,一个民族,如果一切从本本出发,思想僵化,迷信盛行,那它就不能前进,它的生机就停止了,就要亡党亡国。这是毛泽东同志在整风运动中反复讲过的。只有解放思想,坚持实事求是,一切从实际出发，理论联系实际，我们的社会主义现代化建设才能顺利进行，我们党的马列主义、毛泽东思想的理论也才能顺利发展。①

这是邓小平对马克思主义理论的创造性发展。

解放思想，实事求是，为建设中国特色的社会主义理论奠定了哲学基础。只有在这一思想路线的指导下，中国特色社会主义建设事业才能顺利发展，中国共产党才能永葆蓬勃的生机和先进性。

把解放思想、实事求是作为行动向导

解放思想，就是使思想和实际相符合，使主观和客观相符合。要使"思想和实际相符合，使主观和客观相符合"，就必须实事求是。否则，就是缘木求鱼。没有"实事求是"，就没有真正的思想解放；解放思想，不是空想、幻想和臆想，而是要基于事实、遵循规律，即实事求是。

"解放思想，实事求是"是中国共产党人正确认识和改造客观世界的重要理论指南。

中国共产党之所以历经百年而一直保持着先进性，一个最根本的原因，就在于指导思想的先进和思想路线的先进，并把解放思想、实事求是作为行动的向导。

当年，毛泽东为了实事求是地解决中国革命的重大问题，广泛地深入农村进行调查研究，掌握第一手资料。1930年5月，他在寻乌进行了20多天深入的调查，并写出了《寻乌调查》一文。

---

① 邓小平：《解放思想，实事求是，团结一致向前看》（1978年12月13日），《邓小平文选》第2卷，北京：人民出版社1994年版，第143页。

第四章 夯实党的团结统一的思想基础

毛泽东通过寻乌调查，搞清楚了富农的问题，认为对于富农应该在经济上限制而不是彻底消灭，提出了对富农的土地要实行"抽多补少"、"抽肥补瘦"的土地分配方案，否则就不能满足中农，特别是贫雇农对土地的需要。

在改革开放新时期，邓小平也是以实事求是的思想为行为指导，成功地解决了"文化大革命"结束，"中国向何处去"的重大问题。他强调实事求是是毛泽东思想的精髓，旗帜鲜明反对"两个凡是"的错误观点，支持和领导开展真理标准问题的讨论，推动进行了各方面的拨乱反正。

党的十八大以来，习近平总书记更进一步强调要解放思想，实事求是，强调要处理好解放思想和实事求是的关系。2013年7月21—23日，他在湖北考察改革发展工作时的讲话中指出："应对当前我国发展面临的一系列矛盾和挑战，关键在于全面深化改革。必须从纷繁复杂的事物表象中把准改革脉搏，把握全面深化改革的内在规律，特别是要把握全面深化改革的重大关系，处理好解放思想和实事求是的关系、整体推进和重点突破的关系、顶层设计和摸着石头过河的关系、胆子要大和步子要稳的关系、改革发展稳定的关系。"①

2018年4月13日，他在庆祝海南建省办经济特区30周年大会上的讲话中又指出："没有思想大解放，就不会有改革大突破。解放思想不是脱离国情的异想天开，也不是闭门造车的主观想象，更不是毫无章法的莽撞蛮干。解放思想的目的在于更好地实事求是。要坚持解放思想和实事求是的有机统一，一切从国情出发、从实际出发，既总结国内成功做法又借鉴国外有益经验，既大胆探索又脚踏

---

① 李贞：《习近平谈解放思想》，人民网·人民日报海外版，2018年11月28日。

实地，敢闯敢干，大胆实践，多出可复制可推广的经验，带动全国改革步伐。"①

完成新任务的思想武器

党的十八大以来，习近平总书记丰富和发展了"解放思想，实事求是"的思想路线。他认为，解放思想是解放和发展社会生产力、解放和增强社会活力的总开关。

2013年11月12日，他在中共十八届三中全会第二次全体会议上的讲话中指出："没有解放思想，我们党就不可能在十年动乱结束不久作出把党和国家工作中心转移到经济建设上来、实行改革开放的历史性决策，开启我国发展的历史新时期；没有解放思想，我们党就不可能在实践中不断推进理论创新和实践创新，有效化解前进道路上的各种风险挑战，把改革开放不断推向前进，始终走在时代前列。"②

2018年4月10日，在博鳌亚洲论坛2018年年会开幕式上，习近平发表了主旨演讲，他在演讲中，回望改革开放四十年来的历程，指出："中国人民坚持解放思想、实事求是，实现解放思想和改革开放相互激荡、观念创新和实践探索相互促进，充分显示了思想引领的强大力量。"③

正是这"思想引领的强大力量"，党的十一届三中全会冲破了长期"左"的错误的严重束缚，批评了"两个凡是"的错误方针，充

---

①② 李贞：《习近平谈解放思想》，人民网·人民日报海外版，2018年11月28日。
③ 习近平：《在博鳌亚洲论坛2018年年会开幕式上的主旨演讲》（2018年4月10日），新华网，2018年4月10日。

分肯定了必须完整、准确地掌握毛泽东思想的科学体系,高度评价了关于真理标准问题的讨论,果断结束了"以阶级斗争为纲",重新确立了马克思主义的思想路线、政治路线、组织路线。从此,我国改革开放拉开了大幕。

正是这"思想引领的强大力量",我们大胆地试、勇敢地改,干出了一片新天地。我们风雨同舟、披荆斩棘、砥砺奋进,绘就了一幅幅波澜壮阔、气势恢宏的历史画卷,谱写了一曲曲感天动地、气壮山河的奋斗赞歌。从实行家庭联产承包、乡镇企业异军突起、取消农业税牧业税和特产税到农村承包地"三权"分置、打赢脱贫攻坚战、实施乡村振兴战略,从兴办深圳等经济特区、沿海沿边沿江沿线和内陆中心城市对外开放到加入世界贸易组织、共建"一带一路"、设立自由贸易试验区、谋划中国特色自由贸易港、成功举办首届中国国际进口博览会,从"引进来"到"走出去"……中国共产党在领导全国各族人民奋进的过程中其先进性得到充分的彰显,其领导力和影响力得到有效增强。

2018年12月18日,习近平总书记在庆祝改革开放40周年大会上的讲话中指出:"实践发展永无止境,解放思想永无止境。恩格斯说:'一切社会变迁和政治变革的终极原因,不应当到人们的头脑中,到人们对永恒的真理和正义的日益增进的认识中去寻找,而应当到生产方式和交换方式的变更中去寻找'"。①

2020年11月3日,党的十九届五中全会审议通过《中共中央关于制定国民经济和社会发展第十四个五年规划和2035年远景目标的建议》(以下简称《建议》),吹响了开启全面建设社会主义现代化国

---

① 习近平:《在庆祝改革开放40周年大会上的讲话》(2018年12月18日),新华社,北京:2018年12月18日电。

家新征程、向第二个百年奋斗目标进军的冲锋号角，而且，世界正处于百年未有之大变局，我们要认识新事物、适应新形势、完成新任务，必须始终坚持解放思想、实事求是这一思想武器。这样，我党才能一直站在时代的前列，正确认识和把握国际大局，全球大势，正确分析和处理在全面建设社会主义现代化国家过程中所出现的带有全局性、战略性、前瞻性的重大问题，才能在世界复杂形势发展的潮流中急流勇进，实现2035年的远景目标。

总之，坚持解放思想、实事求是的思想路线，是党和人民事业从胜利走向胜利的重要保证，是中国共产党永葆先进性的一个重要奥秘。

党领导中国革命、建设和改革的历史证明，党和人民的事业取得的任何成功都源于解放思想、实事求是。什么时候坚持了解放思想、实事求是，什么时候就能成功；相反，离开了解放思想、实事求是，党和人民的事业就会受到损失，甚至是严重的挫折。

这是因为坚持解放思想、实事求是，党才能制定出符合客观实际、体现发展规律、顺应人民意愿的正确路线方针政策，这种路线方针政策就是正确的行动指南，从而能够引导党和人民的事业取得成功。

第五章

坚持全面从严治党，永葆党的先进性

中国共产党之所以 100 年来一直保持着先进性，第五个奥秘，就是她自诞生之日起，就坚持从严治党，而且十八大之后，是全面从严治党。这是党永葆先进性的重要举措。

全面从严治党，必须加强纪律建设，必须坚持党中央权威和集中统一领导，必须坚持依规治党，从而引导从严治党全面深入。

坚持把纪律挺在前面

党的纪律,是党永葆先进性的重要保证。党的纪律是按照民主集中制的原则,根据党的性质、纲领和实现党的路线、方针、政策的需要而确立的各种党规党法的总称,是党的各级组织和党员必须遵守的行为规则,是维护党的团结统一、完成党的任务的重要保证,是全面从严治党的治本之策。

重视纪律建设是党的优良传统

早在1920年9月16日,蔡和森给毛泽东同志写信,探讨建立中国共产党,就首次提出了"党的纪律为铁的纪律"的科学概念。他在信中说:"党的纪律为铁的纪律,必如此才能养成少数极觉悟极有组织的分子,适应战争时代及担负偌大的改造事业。"

党的一大通过的《中国共产党纲领》(以下简称《纲领》)第四条规定:"在加入我们的队伍以前,必须与那些与我们的纲领背道而驰的党派和集团断绝一切联系。"第六条规定:"在公开时机未成熟前,党的主张以至党员身份都应保守秘密。"这两条规定是党的纪律的肇端。

党的二大通过的《中国共产党章程》在第四章对党的纪律做了具体的规定,共9条纪律规定要求。其中第二十五条规定:凡党员有犯左列各项之一者,该地方执行委员会必须开除之:(一)言论行动有违背本党宣言章程及大会各执行委员会之议决案;(二)无故联续二次不到会；（三）欠缴党费三个月；（四）无故联续四个星期不为本党服务；（五）经中央执行委员会命令其停止出席留党察看期满而不改悟；（六）泄漏本党秘密。该条规定了六项违反纪律的情况，只要违反其中的一项，就要开除党籍。党的纪律规定开始之具体之严格，由此可见一斑。

不仅中国共产党自建立之日起，就重视铁的纪律建设，中国人民解放军自建军之日起，也同样非常重视加强革命纪律建设，并严格执行统一的纪律规定，这也是区别于一切旧式军队的显著标志。

1927年9月29日，毛泽东领导的秋收起义部队在三湾改编时，毛泽东就给部队规定了"说话要和气，买卖要公平，不拿群众一个红薯"的三项纪律。

1927年10月23日，部队在向井冈山进军的途中，毛泽东又强调了三项纪律："第一，行动听指挥；第二，打土豪款子要归公；第三，不拿群众一个红薯。"

1928年1月4日，工农红军攻占了遂川县城，毛泽东又宣布了六项注意："第一，上门板；第二，捆铺草；第三，说话要和气；第四，买卖公平；第五，不拉夫；第六，不打人，不骂人。"

其中"上门板"、"捆铺草"是当时部队在住宿时，常借用老百姓的门板作铺板，借用稻草作铺草。因为各家门板高矮大小不同，部队撤走时如果不上好门板，一大堆的门板就会对不上榫；如果不捆好铺草，稻草纷扬，会给百姓带来麻烦。

1928年3月，在工农红军南下湘南的过程中，毛泽东将此前的三项纪律和六项注意合并，正式定为"三条纪律六项注意"予以颁布。三条纪律："第一，行动听指挥；第二，不拿工人农民一点东西；第三，打土豪要归公。"六项注意："一，上门板；二，捆铺草；三，说

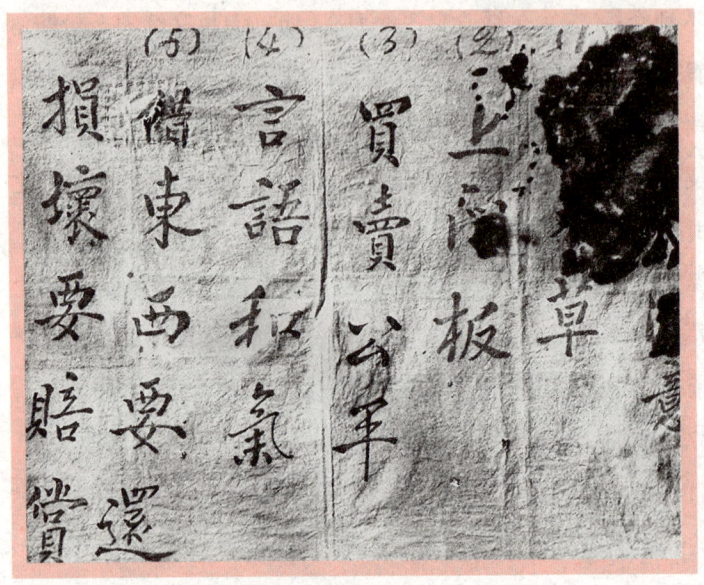

▲ 在中国人民革命军事博物馆第二次国内革命战争馆里，陈列着一幅写着红军"三大纪律六项注意"的包袱皮。由于年月已久，白布已发黄了，但上面的字迹还隐约可辨。（新华社发）

话和气；四，买卖公平；五，借东西要还；六，损坏东西要赔。"

此后，毛泽东、朱德在赣南、闽西开辟根据地期间，对六项注意做了修改。1930年9月25日，红一方面军总政治部印发的《红军士兵会章程》正式收入了"三大纪律、八项注意"。除原来的六项之外，加上了"不得随便屙屎；不搜敌兵腰包"这两项内容。

1947年10月10日，中国人民解放军总部发布《关于重新颁布三大纪律八项注意的训令》："三大纪律如下：一，一切行动听指挥；二，不拿群众一针一线；三，一切缴获要归公。八项注意如下：一，说话要和气；二，买卖公平；三，借东西要还；四，损坏东西要赔；五，不打人骂人；六，不损坏庄稼；七，不调戏妇女；八，不虐待俘虏。"

第五章 坚持全面从严治党,永葆党的先进性

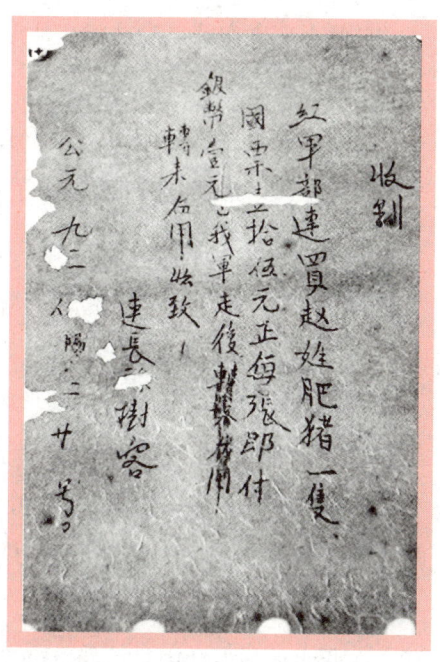

▶ 红军给群众写的买猪收条。1935年5月,中国工农红军总司令朱德在四川冕宁发布《中国工农红军布告》:"红军万里长征,所向势如破竹;今已来到川西,尊重彝人风俗。军纪十分严明,不动一丝一粟;粮食公平购买,价钱交付十足。"布告以朗朗上口的通俗语言,宣传了红军的政治主张和铁的群众纪律。(新华社资料照片)

◀ 人民解放军济南部队某部"英勇顽强岱崮连"干部战士在演唱《三大纪律八项注意》。从秋收起义到井冈山时期,我们党先后制定颁布了"三大纪律""六项注意",并最终丰富完善成为著名的"三大纪律八项注意"。党的部队严明纪律,获得群众的信任。(新华社资料照片)

自此，三大纪律八项注意，从形式到内容都被固定下来，全军有了统一的革命纪律。

正是由于这些铁的纪律，保证了我党、我军成为一个团结、战斗的集体，从而带领全国人民取得了新民主主义革命的胜利。

必须大书一笔的党的纪律处分条例

在党的纪律建设中，《中国共产党纪律处分条例》是必须大书一笔的。

早在1997年2月27日，中共中央就曾经发布实施了《中国共产党纪律处分条例（试行）》，这是中国共产党历史上，首次制定的全面的党的纪律处分规定。

在此之前，中共中央虽然曾经发布过一些单项的党纪处分政策性规定，但却不够全面、不够系统、不够明确、不够具体，这很不利于维护党纪的严肃性和公正性。因此，中国共产党迫切需要制定一个对于哪些行为应当追究党纪责任以及如何追究党纪责任的明确、具体的规定，以便统一执行纪律，防止党纪处理工作中的随意性。

因此，中央纪委于1988年3月开始起草《中国共产党纪律处分条例（试行）》（以下简称"试行《条例》"），经反复征求意见和研究修改，历时9年，15易其稿，最终于1997年2月27日经党中央审定发布，并于发布之日起贯彻实施。

"试行《条例》"共3编13章172条，将违纪种类分为七大类：政治类错误，组织、人事类错误，经济类错误，失职类错误，侵犯党员权利、公民权利类错误，严重违反社会主义道德类错误，违反社会管理秩序类错误。

"试行《条例》"的发布实施,在党的纪律建设发展进程中具有里程碑的意义,它标志着党的纪律规范和纪律处分进入了科学化、规范化、制度化的阶段,使党的纪律规范和纪律处分工作进入了向依据党内法规来统一认识和处理问题的阶段。

"试行《条例》"对于严肃党的纪律、纯洁党的组织、惩治腐败行为发挥了重要作用。但随着政治经济形势的发展,新情况、新问题不断出现,从 2001 年 12 月开始,中央纪委成立了修订小组,制定了修订工作方案,对"试行《条例》"及时进行修订。

2003 年 12 月 23 日,胡锦涛同志主持召开中央政治局全体会议讨论并通过了《中国共产党纪律处分条例》(送审稿)。

2003 年 12 月 31 日,《中国共产党纪律处分条例》以中央文件形式正式发布施行。"试行"的帽子被摘掉,转为正式的党内法规。

此后的十余年间,我党一直施行 2003 年版的《中国共产党纪律处分条例》。

党的十八大之后,随着全面从严治党和全面依法治国的不断推进,2003 年版的《中国共产党纪律处分条例》已经不能适应新形势的要求。其中存在的一个突出的问题,就是党内规则混同于国家法律,党规党纪套用"法言法语",许多规定都与法律条文重复。

于是,2015 年 10 月中共中央修订印发了《中国共产党纪律处分条例》,并于 2016 年 1 月 1 日起施行。

2015 年版的《中国共产党纪律处分条例》发布施行以来,对于贯彻全面从严治党要求,把纪律和规矩挺在前面,切实维护党章和其他党内法规的权威性、严肃性,保证党的路线、方针、政策、决议和国家法律法规的贯彻执行,深入推进党风廉政建设和反腐败斗争发挥了重要的作用,但实施后的三年来,党的纪律建设的理论、实践和制度又有了一系列重大的创新成果，亟待以党规党纪形式固化下来。

2018年8月1日，中央政治局会议审议《中国共产党纪律处分条例》，中共中央总书记习近平主持会议。

会议指出，中国特色社会主义进入了新时代，党要有新气象新作为，必须靠严明的纪律作保证。

早在1945年，毛泽东同志就明确指出，要夺取全国革命的胜利，"就要有一个有纪律的、思想上纯洁的、组织上纯洁的党"。

如今，我们要全面建成小康社会、夺取新时代中国特色社会主义伟大胜利、实现中华民族伟大复兴的中国梦，也必须有一个"有纪律的、思想上纯洁的、组织上纯洁的党"。

要有一个"有纪律的、思想上纯洁的、组织上纯洁的党"，必须靠严明的纪律作保证。《中国共产党纪律处分条例》就是重要的保证。

与2015年版的《中国共产党纪律处分条例》相对照，2018年修订，自2018年10月1日起施行的《中国共产党纪律处分条例》（以下简称"新修订《条例》"）有许多亮点：

第一，进一步强化突出政治纪律。习近平总书记强调，在党的纪律中，政治纪律最重要、最根本、最关键。因此，"新修订《条例》"进一步强化突出了政治纪律。

在指导思想方面，增写了"习近平新时代中国特色社会主义思想为指导"（第二条）。

习近平新时代中国特色社会主义思想是当代中国马克思主义、21世纪马克思主义，是全党全国人民为实现中华民族伟大复兴而奋斗的行动指南，是经过实践检验、富有实践伟力的强大思想武器，必须长期坚持并不断发展。因此，"新修订《条例》"在指导思想方面,增写了这一条。

在维护党的权威方面,增写了"坚决维护习近平总书记党中央的核心、全党的核心地位,坚决维护党中央权威和集中统一领导"(第二条),"党组织和党员必须牢固树立政治意识、大局意识、核心意识、看齐意识"(第三条),"在重大原则问题上不同党中央保持一致且有实际言论、行为或者造成不良后果的,给予警告或者严重警告处分;情节较重的,给予撤销党内职务或者留党察看处分;情节严重的,给予开除党籍处分"(第四十四条)。

坚决维护党中央权威、保证全党令行禁止,是党和国家前途命运所系,是全国各族人民根本利益所在,也是严明党的纪律的重要目的。要治理好我们这个大党、治理好我们这个大国,保证党的团结和集中统一至关重要,维护党中央权威至关重要。党的十八届六中全会正式确立习近平同志为党中央的核心、全党的核心,是关系党和人民根本利益的大事,是关系党中央权威、关系全党团结和集中统一的大事,是关系党和国家事业长远发展的大事。党的各级组织、全体党员特别是党员干部要增强政治意识、大局意识、核心意识、看齐意识,自觉遵守党的政治纪律和政治规矩,自觉在思想上政治上行动上同以习近平同志为核心的党中央保持高度一致,自觉维护党中央权威。

在政治忠诚方面,增写了"对党不忠诚不老实,表里不一,阳奉阴违,欺上瞒下,搞两面派,做两面人,情节较轻的,给予警告或者严重警告处分;情节较重的,给予撤销党内职务或者留党察看处分;情节严重的,给予开除党籍处分"(第五十一条)。

"天下至德,莫大于忠。"忠诚是人类道德价值的普遍取向,代表着赤胆忠心、诚实守信和矢志服从。中国共产党向来高度重视党员、党员干部的政治忠诚问题。

邓小平在《论忠诚与老实》中指出：

一个自觉的革命者无论何时何地，在何种情况下，都要做到忠诚老实，对党要忠诚，要老老实实地说话，老老实实地办事，老老实实地做人。

习近平总书记在中国共产党第十九次全国代表大会上所作的题为《决胜全面建成小康社会　夺取新时代中国特色社会主义伟大胜利》的报告中，首次提出"把党的政治建设摆在首位"，要求"全党同志特别是高级干部要加强党性锻炼，不断提高政治觉悟和政治能力，把对党忠诚、为党分忧、为党尽职、为民造福作为根本政治担当，永葆共产党人政治本色"，并强调"弘扬忠诚老实、公道正派、实事求是、清正廉洁等价值观"，还着重指出提拔重用"忠诚干净担当的干部"。

第二，进一步强化对有些违纪行为要从重或加重处分。从重处分，是指在本条例规定的违纪行为应当受到的处分幅度以内，给予较重的处分。党员、党员干部有哪些违纪行为要从重或加重处分呢？

搞有组织的拉票贿选，或者用公款拉票贿选的（第七十五条）；扶贫领域侵害群众利益行为的（第一百一十二条）；贯彻创新、协调、绿色、开放、共享的发展理念不力，对职责范围内的问题失察失责，造成较大损失或者重大损失的（第一百二十一条）；在上级检查、视察工作或者向上级汇报、报告工作时纵容、唆使、暗示、强迫下级说假话、报假情的（第一百二十五条）。

习近平总书记强调："要巩固和发展执纪必严、违纪必究常态化成果。""新修订《条例》对有些违纪行为强调从重或加重处分，就是对这一要求的具体落实。

第三,进一步强化了落实执行。党的十九大报告要求全党同志要"增强狠抓落实本领,坚持说实话、谋实事、出实招、求实效,把雷厉风行和久久为功有机结合起来,勇于攻坚克难,以钉钉子精神做实做细做好各项工作"。但事实上,在落实执行方面,有的地方、有的部门一直存在着许多问题。这些问题不解决,会严重影响党的路线方针政策的落实执行。因此,"新修订《条例》"增写了"党员领导干部在本人主政的地方或者分管的部门自行其是,搞山头主义,拒不执行党中央确定的大政方针,甚至背着党中央另搞一套的,给予撤销党内职务、留党察看或者开除党籍处分。落实党中央决策部署不坚决,打折扣、搞变通,在政治上造成不良影响或者严重后果的,给予警告或者严重警告处分;情节严重的,给予撤销党内职务、留党察看或者开除党籍处分"(第五十条)。

"有下列行为之一,造成严重不良影响,对直接责任者和领导责任者,情节较轻的,给予警告或者严重警告处分;情节较重的,给予撤销党内职务或者留党察看处分;情节严重的,给予开除党籍处分:

(一)贯彻党中央决策部署只表态不落实的;

(二)热衷于搞舆论造势、浮在表面的;

(三)单纯以会议贯彻会议、以文件落实文件,在实际工作中不见诸行动的;

(四)工作中有其他形式主义、官僚主义行为的"(第一百二十二条)。

"新修订《条例》"增写的这些内容对于保证党的路线方针政策的落实会起到十分重要的作用。

总而言之,"新修订《条例》"是中国共产党历史上最全、最严的党纪。"新修订《条例》"整合明晰了党员的"负面清单",对党员禁止行为的事实范围进行了调整，内容细化，可操作，不仅告诫党员哪类行为不能做，同时提出清晰的处罚依据，违纪行为将不再有空子可钻。

正是这健全完善的党的纪律，促进了党的坚强团结、意志统一、行动一致，保证了党的路线、方针、政策、决议和国家法律法规的贯彻执行，深入推进了党风廉政建设和反腐败斗争，保证了党的先进性和纯洁性。

严明党的纪律的新思想

在新的历史时代，针对党员、党员干部队伍存在的新问题，针对党的历史使命，习近平总书记提出了严明党的纪律的新思想。这种新思想主要体现在以下几个方面：

第一，严明党的纪律，首要的是严明党的政治纪律。党的政治纪律，是党的各级组织和党员在政治生活中所必须遵守的行为规范。党的十八大以来，习近平总书记多次强调要严明党的政治纪律和政治规矩。2013年1月22日，习近平总书记在中国共产党第十八届中央纪律检查委员会第二次全体会议上发表重要讲话。他在讲话中指出："严明党的纪律，首要的就是严明政治纪律。"他还强调："政治纪律是最重要、最根本、最关键的纪律，遵守党的政治纪律是遵守党的全部纪律的重要基础。政治纪律是各级党组织和全体党员在政治方向、政治立场、政治言论、政治行为方面必须遵守的规矩，是维护党的团结统一的根本保证。"他在党的十九大报告中又重申："全党要坚定执行党的政治路线，严格遵守政治纪律和政治规矩，在政治立场、政治方向、政治原则、政治道路上同党中央保持高度一致。"

2018年修订，自2018年10月1日起施行的《中国共产党纪律处分条例》突出强调了政治纪律和政治规矩。

为什么突出强调政治纪律和政治规矩？因为在党的全部纪律中，政治纪律是打头、管总的。列宁同志讲："政治上有教养的人是不会贪污受贿的。"

第二，严明党的纪律，要抓住领导干部这个关键的少数。对党的领导干部这个"关键少数"进行严格教育，提出严格纪律要求，是我党的优良传统。以习近平同志为核心的中央领导集体自成立以来，继承和发扬了我党对党的领导干部严格教育、严格要求的传统，结合新的历史时期的新问题和新特点，对党的领导干部进行了严格的教育，提出了严格的纪律要求。

2015年3月5日，习近平总书记在参加十二届全国人大三次会议上海代表团审议时的讲话中指出，从严治党，关键要抓住领导干部这个"关键少数"，从严管好各级领导干部。

2017年2月13日上午，习近平总书记在省部级主要领导干部学习贯彻十八届六中全会精神专题研讨班开班式上又强调："领导干部特别是高级干部必须加强自律、慎独慎微，经常对照党章检查自己的言行，加强党性修养，陶冶道德情操，永葆共产党人政治本色。"

第三，严明党的纪律，创新党内法规制度。党的十八大以来，习近平总书记多次强调，制度建设是党的建设总布局的重要一环，全面从严治党，最根本的就是制度治党，要建设完善的党内制度体系，使各级党组织和全体党员干部言行有规范、权力有笼子。

正是在这种科学思想的指导下，我党一方面适时地对以前、特别是较早期出台的党内法规和规范性文件进行了梳理和清理；另一方面又针对党内制度体系不健全、结构不合理、缺乏实操性的问题，以改革创新的精神补齐了制度短板。

习近平总书记十分重视党内法规制度体系的完善，多次就党内法规制度的完善做出重要指示。

他指出："最根本的是严格遵循执政党建设规律进行制度建设……既要有实体性制度又要有程序性制度，既要明确规定应该怎么办又要明确违反规定怎么处理，减少制度执行的自由裁量空间。"这是解决制度的严密性和科学性的问题。

他指出："要本着于法周延、于事简便的原则，注重实体性规范和保障性规范的结合和配套。"这是解决制度的操作性问题。

他指出："要搞好配套衔接，做到彼此呼应，增强整体功能。"这是解决制度的系统化的问题。

第四，严明党的纪律，把纪律挺在前面。2018 年 7 月 31 日中共中央政治局召开会议，审议《中国共产党纪律处分条例》。习近平总书记主持会议。会议强调："要把执纪和执法贯通起来，严格依照纪律和法律的尺度，坚持纪严于法、纪法协同，强化日常管理和监督，抓早抓小、防微杜渐。要通过抓纪律避免党员干部犯更大的错误，这也是对干部最大的爱护，严格执纪考验着党员领导干部的忠诚和担当。要巩固和发展执纪必严、违纪必究常态化成果，下大气力建制度、立规矩、抓落实、重执行，让制度'长牙'、纪律'带电'，充分发挥纪律建设标本兼治的利器作用，使铁的纪律真正转化为党员干部的日常习惯和自觉遵循，推动全面从严治党向纵深发展。"①

这一要求明确地说明了如何严明党的纪律的重要问题。

把纪律挺在前面，纪严于法。这是十八大以来习近平总书记反

---

①《习近平主持中共中央政治局会》，新华社，2018 年 7 月 31 日。

复强调的一种思想，也是中国共产党在新的历史时期的一条重要的从严治党、保持党的先进性的经验。习近平总书记在中国共产党十八届中央纪委六次全会上指出，要把纪律建设摆在更加突出位置，坚持纪严于法、纪在法前，健全完善制度，深入开展纪律教育，狠抓执纪监督，养成纪律自觉，用纪律管住全体党员。

把纪律挺在前面，既是防患于未然、治病于初起，也是对党员和党员干部的爱护和保护。习近平总书记说："干部出问题，都是因为纪律的突破。"无数腐败案例证明，党员、党员干部"破法"，无不始于"破纪"。

把纪律挺在前面，必须坚持党纪严于国法，使纪律成为管党治党的尺子，成为党员不可逾越的底线，这也是中国共产党和共产党员永葆先进性的重要路径。

必须坚持党中央权威和集中统一领导

党的十九大报告明确指出:"保证全党服从中央,坚持党中央权威和集中统一领导,是党的政治建设的首要任务。"

中国共产党是中国特色社会主义事业的领导核心,维护党中央权威和集中统一领导,是党和国家前途命运所系,是全国各族人民根本利益所在。因此,坚持全面从严治党,必须坚持党中央权威和集中统一领导。

坚决维护党中央权威,保证全党令行禁止

《关于新形势下党内政治生活的若干准则》(以下简称《准则》)指出:"坚决维护党中央权威、保证全党令行禁止,是党和国家前途命运所系,是全国各族人民根本利益所在,也是加强和规范党内政治生活的重要目的。"

《准则》的这段文字深刻地阐明了坚决维护党中央权威、保证全党令行禁止的重大价值。

作为一个有着9059.4万名党员、461万个基层党组织的大党[①],领导着一个拥有56个民族、近14亿人口的大国的中国特色社会主义的领导核心,必须有权威,才能形成统一的意志和统一的行动。

马克思指出:"凡是有许多个人进行协作的劳动,过程的联系和统一都必然要表现在一个指挥的意志上……就像一个乐队要有一个

[①] 林晖:《中国共产党党员总量突破9000万》,截至2018年12月31日,中国共产党党员总数为9059.4万名,摘自新华网,2019年6月30日。

指挥一样。"①马克思在这里所讲的"指挥",就是领导。

领导要能有效地"指挥",就必须具有"权威"。恩格斯在《论权威》中便明确地指出:"联合活动、相互依赖的工作过程的复杂化,正在取代各个人的独立活动。但是,联合活动就是组织起来,而没有权威能够组织起来吗?"②他还以工厂生产、列车运行、轮船航海为例,论述了权威的必要性。他说:"一方面是一定的权威,不管它是怎样造成的,另一方面是一定的服从,这两者不管社会组织怎样,在产品的生产和流通赖以进行的物质条件下,都是我们所必需的。"③"没有权威,就不可能有任何的一致行动。"④

作为中国特色社会主义事业领导核心的中国共产党,必须有权威,才能保证全党令行禁止,全党全国人民共同努力,完成夺取新时代中国特色社会主义伟大胜利,实现中华民族伟大复兴的中国梦。

坚持党中央集中统一领导

习近平总书记指出:"党的领导是中国特色社会主义最本质的特征,是中国特色社会主义制度的最大优势,是决胜全面建成小康社会、夺取新时代中国特色社会主义伟大胜利的根本保证。事在四方,

---

① 《马克思恩格斯全集》第 25 卷,北京:人民出版社 1974 年版,第 431 页。

② 恩格斯:《论权威》,《马克思恩格斯选集》第 2 卷,北京:人民出版社 1972 年版,第 551—552 页。

③ 恩格斯:《论权威》,《马克思恩格斯选集》第 2 卷,北京:人民出版社 1972 年版,第 553 页。

④ 《恩格斯致保尔·拉法格》,《马克思恩格斯选集》第 4 卷,北京:人民出版社 1972 年版,第 397 页。

要在中央。坚持党的领导首先是坚持党中央集中统一领导。"①习近平总书记还要求:"每一个党的组织、每一名党员干部,无论处在哪个领域、哪个层级、哪个部门和单位,都要服从党中央集中统一领导,确保党中央令行禁止。"②

党的领导干部坚持党中央集中统一领导,就是要做到,党中央提倡的坚决响应,党中央决定的坚决照办,党中央禁止的坚决杜绝,决不允许上有政策、下有对策,决不允许有令不行、有禁不止,决不允许在贯彻执行中央决策部署上打折扣。对党的决议和政策如有不同意见,在坚决执行的前提下,可以声明保留,并且可以把自己的意见向党的上级组织直至中央提出。

增强政治意识、大局意识、核心意识、看齐意识

2016年1月29日中央政治局召开会议,首次提出"增强政治意识、大局意识、核心意识、看齐意识"。

党的十八届六中全会通过的《关于新形势下党内政治生活的若干准则》强调,全党必须牢固树立政治意识、大局意识、核心意识、看齐意识,自觉在思想上政治上行动上同党中央保持高度一致。

第一,增强政治意识。所谓政治意识,就是能从政治的角度来看待问题、分析问题和处理问题。

党员干部增强政治意识,就是要坚定政治信仰,坚持正确的政

---

① 《中共中央政治局常务委员会召开会议》,新华社,2018年1月15日。
② 《习近平:以解决突出问题为突破口和主抓手,推动六中全会精神落到实处》,新华社,2017年2月13日。

治方向，坚持政治原则，站稳政治立场，保持政治清醒和政治定力，增强政治敏锐性和政治鉴别力，严守党的政治纪律和政治规矩。

党员干部增强政治意识，就是要在研究制定政策时，牢牢把握政治方向；在谋划推进具体工作时，始终贯彻政治要求；在解决社会矛盾问题时，不忘注意政治影响。

第二，大局意识。大局，按照词典上的解释，是整个局势，整个局面。因此，所谓大局意识，就是善于从全局高度，用长远眼光来观察形势，分析问题。

党员干部增强大局意识，首先要牢固地树立高度自觉的大局意识。自觉地从大局角度看问题，自觉地把工作放到大局中去思考、定位、谋划。

党员干部增强大局意识，就要在制定各方面的政策和进行决策部署时，站在党和国家大局上想问题、看问题，特别要把所分管方面的工作同党中央重大决策部署衔接起来、统一起来。

党员干部增强大局意识，就要自觉服从大局。当前自觉服从大局，就必须统筹推进"五位一体"总体布局，协调推进"四个全面"战略布局。

1938年，毛泽东同志在《中国共产党在民族战争中的地位》一文中指出：

共产党员必须懂得以局部需要服从全局需要这一个道理。如果某项意见在局部的情形看来是可行的，而在全局的情形看来是不可行的，就应以局部服从全局。反之也是一样，在局部的情形看来是不可行的，而在全局的情形看来是可行的，也应以局部服从全局。这就是照顾全局的观点。

古人云："不谋全局者，不足以谋一域；不谋万世者，不足以谋一时。"这句话说的就是大局的重要性。

有这样一个故事：有个捕鸟的人在捕鸟的时候发现，捕一只鸟，其实只用一个网眼。于是，他便用一个网眼去捕鸟。结果，他一只鸟也没捕到。

故事主人公只看到"网眼"这个局部的作用，而忽视了"网"这个全局的功能。最终让他一无所获。

这个故事告诉我们，观察和处理问题，不能只看局部，而不重视大局。要学会从大局的角度去认识问题、分析问题和解决问题。

《吕氏春秋·察微》篇中，曾经记载过这样一件事：春秋的时候，鲁国有一条法规：鲁国人到其他诸侯国去旅行，如果看到有本国的人在那里沦为奴隶，可以自己垫钱把他先赎回来，等回国之后再到官府去报销，并领取一定的奖金。

孔子的学生子贡，在外出旅行的时候，看到有鲁国人在他国作奴仆，便自己掏钱把他给赎出来了。子贡回国之后，却没有去官府报销和领取奖金。

孔子知道这件事情之后，批评了子贡。孔子说："你错了。你去官府报销和领取奖金，并不损害你的品行；而你拒绝到官府报销和领取奖金，则鲁国人以后再不会有人去赎人了。"

按照一般人的看法，子贡自己掏钱赎人而不去官府报销和领取奖金，这是为人仗义、品德高尚的表现。既然如此，他为什么还要受到孔子的批评？让人不解。

原来，子贡之所以受到孔子的批评，是因为在孔子看来，子贡的做法是"为小道而弃大道"。这样做的结果，是以后他人在国外看到鲁国人沦为奴隶，就要对是否垫钱把他赎出来产生犹豫：如果自己垫钱把他赎出来再去官府报销领奖,人们就会说自己不仗义、不高尚;而不去官府报销,自己的损失谁来弥补?于是,多一事不如少一事,他便会假装没看见。

[原文:鲁国之法,鲁人为臣妾于诸侯,有能赎之者,取其金于府。子贡赎鲁人于诸侯而礼让其金。孔子曰:"赐(名子贡)失之矣!夫圣人之举事,可以移风易俗,而教导可施于百姓,非独适己之行也。今鲁国富者寡而贫者多,取其金则无损于行,不取其金,则不复赎人矣。"《吕氏春秋·察微篇》]

明代的袁了凡在其所著的《了凡四训》中认为,孔子对子贡的批评,是"知人之为善。不论现行而论流弊;不论一时而论久远;不论一身而论天下。现行虽善,而其流足以害人,则似善而实非也"。

在袁了凡看来,孔子的确不愧为一代圣贤。他看事情,不看眼前,而看长远;不看一时,而看一世;不看一身,而看天下。能够透过看似高尚的表象看到深远的负面影响。

应该说,子贡的做法就个人来讲,无疑是正确的。体现了他的仗义、他的高尚。但是,对国家来讲,则是不正确的。因为他从客观上破坏了国家的法律。他个人的"小局"损害了国家的"大局"。

这个故事对于当今的党员干部来说,依然有着一定的启迪意义。这种意义是:看问题不能局限于一时一事,必须考虑它对未来会产生什么样的影响;看问题不能局限于一城一地,必须考虑它对大局会产生什么样的结果。不要因为个人的、地方的、部门的"小局"而破坏国家的"大局","小局"一定要服从"大局"。

之所以要强调"小局"一定要服从"大局",是期望党员干部能从国家和人民的根本利益着眼来观察和处理问题。

第三,增强核心意识。核心的意思是中心;就事物之间的关系而言是主要部分。具体到我党提出的增强核心意识,就是要求党的各级组织和全体党员"坚决维护习近平总书记党中央的核心、全党的核心地位"。

1989年6月16日,邓小平同志在同中央几位负责同志谈话时指出:"任何一个领导集体都要有一个核心,没有核心的领导是靠不住的……要有意识地维护一个核心。"

邓小平同志的这段话明确地说明了增强核心意识的作用。

党员干部增强核心意识,就要坚持中国共产党的领导。中国共产党是中国特色社会主义事业的领导核心。1957年,毛泽东同志在接见中国新民主主义青年团第三次全国代表大会代表时指出:"共产党是全中国人民的核心。没有这样一个核心,社会主义事业就不能胜利。"《中国共产党章程》也开宗明义:"中国共产党是中国工人阶级的先锋队,同时是中国人民和中华民族的先锋队,是中国特色社会主义事业的领导核心,代表中国先进生产力的发展要求,代表中国先进文化的前进方向,代表中国最广大人民的根本利益。"习近平总书记在十九大报告中强调:"在我国政治生活中,党是居于领导地位的。"党的领导是人民当家作主和依法治国的根本保证。

党员干部增强核心意识,就要紧密地团结在以习近平同志为核心的党中央周围。事在四方,要在中央。党中央负责对党的各级组织的领导,党中央作出的决策部署,各级党的组织和党员干部要不折不扣地落实执行到位。

第四,增强看齐意识。看齐,是整队时,以指定人为标准排齐。我党所提出的看齐意识,根据2016年10月27日中国共产党第十八届中央委员会第六次全体会议通过的《关于新形势下党内政治生活的若干准则》的规定,就是要求党的各级组织和全体党员向党中央

第五章　坚持全面从严治党，永葆党的先进性

看齐，向党的理论和路线方针政策看齐，向党中央决策部署看齐。

1945年，毛泽东同志在党的七大预备会议上说：

> 要知道，一个队伍经常是不大整齐的，所以就要常常喊看齐，向左看齐，向右看齐，向中间看齐，我们要向中央基准看齐，向大会基准看齐。看齐是原则，有偏差是实际生活，有了偏差，就喊看齐。

党员干部增强看齐意识，要向党中央看齐。向党中央看齐，是重大的政治原则问题，其根本就是要在思想上政治上行动上同以习近平同志为总书记的党中央始终保持高度一致。

党员干部增强看齐意识，要向党的理论和路线方针政策看齐。向党的理论和路线方针政策看齐，就是要向马克思列宁主义、毛泽东思想、邓小平理论、"三个代表"重要思想、科学发展观、习近平新时代中国特色社会主义思想看齐，向党的基本路线、基本纲领、基本方针、基本政策看齐，向新时代党的组织路线看齐。

党员干部增强看齐意识，要向党中央决策部署看齐。向党中央决策部署看齐，在新时代，就要向"五位一体"总体布局看齐，向"四个全面"战略布局看齐，向"五大发展"理念看齐，向实现社会主义现代化和中华民族伟大复兴目标看齐。

总而言之，看齐意识要求党员干部做到"党中央提倡的坚决响应、党中央决定的坚决执行、党中央禁止的坚决不做"。

坚定不移推进依规治党

全面推进依规治党,加强党内法规制度体制建设,是中国共产党从严治党的一项重要举措,也是党保持先进性的奥秘之一。

习近平总书记要求:"要使加强制度治党的过程成为加强思想建党的过程,也要使加强思想建党的过程成为加强制度治党的过程。"①党的十八大以来,以习近平同志为核心的党中央将党规制度建设提到新高度,先后制定、修订了180多部党内法规,基本健全完善了党内法规制度,党内法规执行力明显提升。

中国共产党一贯重视依规治党

中国共产党在重视对全党进行思想政治教育的同时,也非常重视依规治党,而且把两者有机地结合起来。

党的一大通过的《中国共产党纲领》,就明确说明,要在全党建立统一的组织和严格的纪律;地方组织必须接受中央的监督和指导。

1938年9月29日至11月6日,中国共产党扩大的六届六中全会在延安桥儿沟召开。在中国共产党的历史上,六届六中全会被毛泽东同志称之为"是决定中国之命运的"会议。

根据毛泽东同志的建议,全会通过了《关于各级党委暂行组织机构的决定》《关于中央委员会工作规则与纪律的决定》《关于各

---
① 习近平:《在党的群众路线教育实践活动总结大会上的讲话》,新华网,2014年10月8日。

第五章　坚持全面从严治党，永葆党的先进性

▲ 图为中共六届六中全会会址——延安桥儿沟天主堂。（新华社发）

级党部工作规则与纪律的决定》等重要文件。这些文件的制定，在中国共产党制度建设和纪律建设史上具有里程碑的意义，是一次在全党"立规矩"的重要会议。

毛泽东同志在这次会议上首次提出了"纪律是执行路线的保证"这一科学论断。"个人服从组织，少数服从多数，下级服从上级，全党服从中央"，这"四个服从"也是在这次会议通过的《关于各级党部工作规则与纪律的决定》第十九条中首先提出来的。后来，从中共七大开始，"四个服从"被写进《中国共产党章程》，成为全党重要的政治纪律。

如果说党的一大是党内制度规矩的萌芽，到党的六届六中全会，党内制度规矩就已经具有了雏形。党在全国执政之后，继续加大了党内制度规矩的建设。遗憾的是，"文革"期间党内制度规矩的建设

遭到了极大的破坏。

1978 年 12 月，邓小平在中央工作会议上重申：

国要有国法，党要有党规党法。党章是最根本的党规党法。没有党规党法，国法就很难保障。①

邓小平的讲话初步表达了要构建以党章为根本的党规党法体系。根据邓小平的建议，党的十一届三中全会决定健全党规党法。

1990 年 7 月 31 日中共中央印发了《中国共产党党内法规制定程序暂行条例》（以下简称《暂行条例》）。《暂行条例》首次明确界定了"党内法规"，并规定了名称、适用范围、制定主体和程序等，党内法规正式制度化。

党的十八大以来，以习近平总书记为核心的党中央将党内法规建设提到了一个新的高度，强调党内法规建设是事关党长期执政和国家长治久安的重大战略任务。

2017 年 6 月，中共中央印发了《关于加强党内法规制度建设的意见》（以下简称《意见》）。《意见》强调："党内法规制度体系，是以党章为根本，以民主集中制为核心，以准则、条例等中央党内法规为主干，由各领域各层级党内法规制度组成的有机统一整体。"②

《意见》还要求，要完善以"1+4"为基本框架的党内法规制度体系，即在党章之下分为党的组织法规制度、党的领导法规制度、党的自身建设法规制度、党的监督保障法规制度 4 大板块。

---

① 邓小平：《解放思想，实事求是，团结一致向前看》(1978 年 12 月 13 日)，《邓小平文选》第 2 卷，北京：人民出版社 1983 年版，第 147 页。
② 中共中央印发《关于加强党内法规制度建设的意见》，新华网，2017 年 6 月 25 日。

截至 2019 年年底，中国共产党共有 4929 部党内法规，其中中央党内法规 231 部、部委党内法规 283 部、地方党内法规 4415 部，形成了比较完善的党内法规制度体系、高效的党内法规制度实施体系、有力的党内法规制度建设保障体系，党依据党内法规管党治党的能力和水平显著提高。

回顾党的历史，党一贯重视依规治党，是党保持先进性、纯洁性的一项重要奥秘。治国必先治党，治党务必从严，从严必依法度。

完善的党内法规制度建设，为保持党的先进性和纯洁性，提高党的执政能力和领导水平、增强抵御风险和拒腐防变能力提供了坚强的法规制度保证。

依规治党的根本遵循

《中国共产党章程》是党内法规体系的根本，也是共产党依规治党的根本遵循。

中国共产党之所以能百年青春，永葆先进性，还在于她有一个管党治党的总章程、总规矩，这就是《中国共产党章程》。

党的二大通过的《中国共产党章程》，是中国共产党的第一个章程。这个章程规定了党员入党条件、党的组织建设和党的组织纪律，并在第四章把组织纪律单列。

其中第十八条规定：全国大会及中央执行委员会之议决，本党党员须绝对服从之。第十九条规定：下级机关须完全执行上级机关之命令；不执行时，上级机关得取消或改组之。第二十四条规定："本党一切会议均取决多数，少数绝对服从多数。"

由这些规定可以看出，中国共产党自诞生之日起，就是一个有

◀ 1922年7月16日，中国共产党第二次全国代表大会在上海英租界召开。大会制定了党的最低纲领和最高纲领，通过了《中国共产党章程》并选举了新的中央领导机构，同时决定出版党中央机关刊物《向导》周报。图为中共二大会址之一上海南成都路辅德里625号（今成都北路7弄30号）。（新华社资料照片）

▲ 中共二大会址纪念馆党章历程厅内重点展示了中国共产党第一部党章（2011年4月8日摄）。（新华社记者 裴鑫 摄）

着严明的组织纪律的马克思主义的政党，而这也正是中国共产党永葆先进性的根本保证。

党的二大通过了第一部党章之后，到2017年10月党的十九大，中国共产党先后17次修改党章。党章的字数也由第一部党章的2300多字，增加到1.7万多字。

这字数增加的背后，党章的每一次修改，都反映了中国共产党对自身建设规律进行探索的情况，记录着党对其各级组织和全体党员从严要求的历史发展进程。

《中国共产党章程》作为管党治党的总章程、总规矩，保证了全党在政治上、思想上的一致和组织上、行动上的统一。

党内法规制度体系的核心

2017年6月，中共中央印发了《关于加强党内法规制度建设的意见》，从宏观层面对党内法规制度体系的建设提出了具体意见，明确指出党内法规制度体系是"以党章为根本，以民主集中制为核心，以准则、条例等中央党内法规为主干，由各领域各层级党内法规制度组成的有机统一整体"。民主集中制，是民主基础上的集中和集中指导下的民主相结合的制度，是党的根本组织原则。

民主与集中两者互相依存、互相制约，相互作用，不可分割，缺一不可。民主是集中的基础，只有充分发扬民主，才能达到正确的集中；集中是民主的指导，只有实行高度集中，才能实现真正的民主。

世界上首次明确提出"民主集中制"的是革命导师列宁。俄国社会民主工党建立之初，由于组织松散软弱和处于秘密状态的特殊条件，列宁强调党要实行严格的集中制。1905年俄国革命爆发后，党的斗争环境发生变化，列宁适时地提出了民主集中制原则。十月革命之后，民主集中制推广成为各国共产党的组织原则。在无产阶级夺取政权后，民主集中制进一步发展成为社会主义国家机关和人民团体的组织原则。

中国共产党第十九次全国代表大会2017年10月24日通过的《中国共产党章程》规定，党的民主集中制的基本原则是：

（一）党员个人服从党的组织，少数服从多数，下级组织服从上级组织，全党各个组织和全体党员服从党的全国代表大会和中央委员会。

（二）党的各级领导机关，除它们派出的代表机关和在非党组织中的党组外，都由选举产生。

（三）党的最高领导机关，是党的全国代表大会和它所产生的中央委员会。党的地方各级领导机关，是党的地方各级代表大会和它们所产生的委员会。党的各级委员会向同级的代表大会负责并报告工作。

（四）党的上级组织要经常听取下级组织和党员群众的意见，及时解决他们提出的问题。党的下级组织既要向上级组织请示和报告工作，又要独立负责地解决自己职责范围内的问题。上下级组织之间要互通情报、互相支持和互相监督。党的各级组织要按规定实行党务公开，使党员对党内事务有更多的了解和参与。

（五）党的各级委员会实行集体领导和个人分工负责相结合的制度。凡属重大问题都要按照集体领导、民主集中、个别酝酿、会议决定的原则，由党的委员会集体讨论，作出决定；委员会成员要根据集体的决定和分工，切实履行自己的职责。

（六）党禁止任何形式的个人崇拜。要保证党的领导人的活动处于党和人民的监督之下，同时维护一切代表党和人民利益的领导人的威信。

民主集中制的组织原则尊重了党员的主体地位，保障了党员的民主权利，保证了全党的团结统一和行动一致，保证了党的决定得到迅速有效的贯彻执行。

新时代全面从严治党

2017年10月18日,中国共产党第十九次全国代表大会在北京开幕。习近平总书记在十九大报告中宣示:"经过长期努力,中国特色社会主义进入了新时代,这是我国发展新的历史方位。"

由此,中国进入了全面建成小康社会与中国特色社会主义新时代。在这一新的历史时期,习近平总书记明确表示"打铁还需自身硬",并推进全面从严治党。

全面从严治党翻开新的一页

2012年11月17日,十八届中共中央政治局第一次集体学习。习近平在学习会上发表了重要讲话。他在讲话中指出:"这些年来,我们全面推进党的建设新的伟大工程,党的执政能力得到新的提高,党的先进性和纯洁性得到保持和发展,党的领导得到加强和改善。同时,与国内外形势发展变化相比,与党所承担的历史任务相比,党的领导水平和执政水平、党组织建设状况和党员干部素质、能力、作风都还有不小差距。特别是新形势下加强和改进党的建设面临'四大考验'、'四种危险',落实党要管党、从严治党的任务比以往任何时候都更为繁重更为紧迫。"①

---

① 习近平:《紧紧围绕坚持和发展中国特色社会主义 学习宣传贯彻党的十八大精神——在十八届中共中央政治局第一次集体学习时的讲话》(2012年11月17日),新华社,2012年11月18日。

他还进一步指出:"反对腐败、建设廉洁政治,保持党的肌体健康,始终是我们党一贯坚持的鲜明政治立场。党风廉政建设,是广大干部群众始终关注的重大政治问题。'物必先腐,而后虫生。'近年来,一些国家因长期积累的矛盾导致民怨载道、社会动荡、政权垮台,其中贪污腐败就是一个很重要的原因。大量事实告诉我们,腐败问题越演越烈,最终必然会亡党亡国!我们要警醒啊!近年来我们党内发生的严重违纪违法案件,性质非常恶劣,政治影响极坏,令人触目惊心。"①

正是基于这种忧患意识,习近平总书记提出"老虎"、"苍蝇"一起打,强调要严惩腐败,割除腐败的毒瘤,着力解决群众反映强烈的突出问题;强调要"把权力关进制度的笼子里";强调有腐必反,有贪必肃,不断铲除腐败现象滋生蔓延的土壤。

2012 年 12 月 4 日,习近平主持召开了中共中央政治局会议,会议审议通过了中共中央政治局关于改进工作作风、密切联系群众的"八项规定"。这"八项规定"是:

(1)要改进调查研究,到基层调研要深入了解真实情况,总结经验、研究问题、解决困难、指导工作,向群众学习、向实践学习,多同群众座谈,多同干部谈心,多商量讨论,多解剖典型,多到困难和矛盾集中、群众意见多的地方去,切忌走过场、搞形式主义;要轻车简从、减少陪同、简化接待,不张贴悬挂标语横幅,不安排群众迎送,不铺设迎宾地毯,不摆放花草,不安排宴请。

(2)要精简会议活动,切实改进会风,严格控制以中央名义召

---

① 习近平:《紧紧围绕坚持和发展中国特色社会主义 学习宣传贯彻党的十八大精神——在十八届中共中央政治局第一次集体学习时的讲话》(2012 年 11 月 17 日),新华社,2012 年 11 月 18 日。

开的各类全国性会议和举行的重大活动，不开泛泛部署工作和提要求的会，未经中央批准一律不出席各类剪彩、奠基活动和庆祝会、纪念会、表彰会、博览会、研讨会及各类论坛；提高会议实效，开短会、讲短话，力戒空话、套话。

（3）要精简文件简报，切实改进文风，没有实质内容、可发可不发的文件、简报一律不发。

（4）要规范出访活动，从外交工作大局需要出发合理安排出访活动，严格控制出访随行人员，严格按照规定乘坐交通工具，一般不安排中资机构、华侨华人、留学生代表等到机场迎送。

（5）要改进警卫工作，坚持有利于联系群众的原则，减少交通管制，一般情况下不得封路、不清场闭馆。

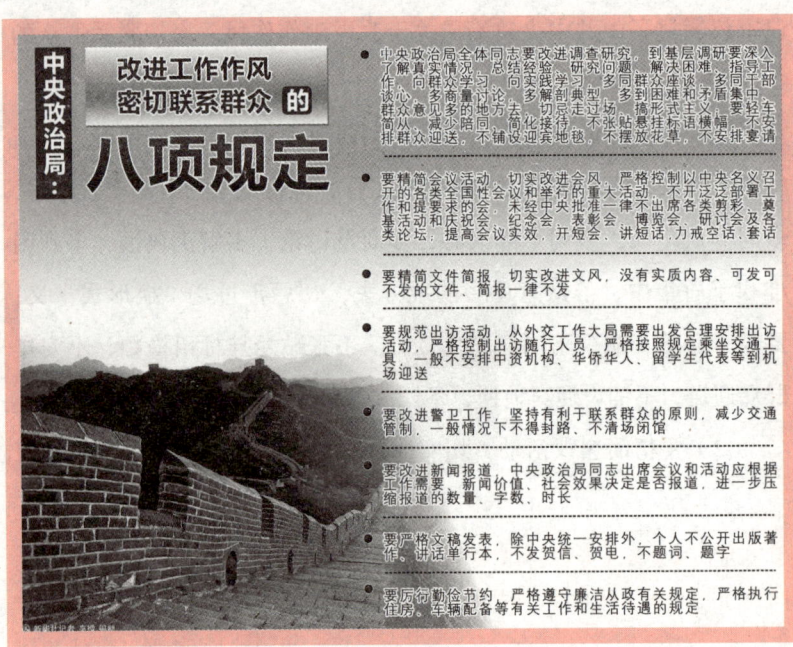

（6）要改进新闻报道，中央政治局同志出席会议和活动应根据工作需要、新闻价值、社会效果决定是否报道，进一步压缩报道的数量、字数、时长。

（7）要严格文稿发表，除中央统一安排外，个人不公开出版著作、讲话单行本，不发贺信、贺电，不题词、题字。

（8）要厉行勤俭节约，严格遵守廉洁从政有关规定，严格执行住房、车辆配备等有关工作和生活待遇的规定。

"八项规定"虽然是针对中共中央政治局的领导同志，但对全党同志改进作风产生了实质性的传递效应。

坚持"老虎"、"苍蝇"一起打

2013年1月，习近平在第十八届中央纪委二次全会上发表重要讲话，提出要坚持"老虎"、"苍蝇"一起打，强调要更加科学有效地防治腐败，坚定不移把反腐倡廉建设引向深入。

"老虎"、"苍蝇"一起打，取得了重大的成效。仅十八大到十九大这五年间，就立案审查省军级以上党员干部及其他中管干部440人，其中中央委员、候补中央委员有43人，中央纪委委员有9人。纪律处分厅局级干部8900余人，处分县处级干部6.3万多人。

2017年10月18日，中国共产党第十九次全国代表大会在北京召开，习近平总书记在会上做了题为《决胜全面建成小康社会 夺取新时代中国特色社会主义伟大胜利》的报告。他在报告中给出了肯定的判断："全面从严治党成效卓著"，全党理想信念更加坚定、党性更加坚强；着力解决了人民群众反映最强烈、对党的执政基础威胁最大的突出问题；严厉整治了形式主义、官僚主义、享乐主义和奢靡之风;"坚持反腐败无禁区、全覆盖、零容忍,坚定不移'打虎'、'拍蝇'、'猎狐',不敢腐的目标初步实现,不能腐的笼子越扎越牢,不想腐的堤坝正在构筑,反腐败斗争压倒性态势已经形成并巩固发展。"①

全面深入推进全面从严治党

习近平总书记在十九大报告中指出:"中国特色社会主义进入新时代,我们党一定要有新气象新作为。打铁必须自身硬。"②他还强调说:"全面从严治党永远在路上。"③为此,他提出了新时代党的建设总要求:"坚持和加强党的全面领导,坚持党要管党、全面从严治党,以加强党的长期执政能力建设、先进性和纯洁性建设为主线,以党的政治建设为统领,以坚定理想信念宗旨为根基,以调动全党积极性、主动性、创造性为着力点,全面推进党的政治建设、思想建设、组织建设、作风建设、纪律建设,把制度建设贯穿其中,深入推进反腐败斗争,不断提高党的建设质量,把党建设成为始终走在时代前列、人民衷心拥护、勇于自我革命、经得起各种风浪考验、朝气蓬勃的马克思主义执政党。"④

新时代党的建设总要求,是新时代全面从严治党的根本遵循。在这个总要求下,新时代全面从严治党,主要在以下八个方面着力:

第一,把党的政治建设摆在首位。党的政治建设是党的根本性建设,决定党的建设方向和效果。党的政治建设的首要任务,就是保证全党服从中央,坚持党中央权威和集中统一领导。

---

①②③④ 习近平:《决胜全面建成小康社会 夺取新时代中国特色社会主义伟大胜利》(2017年10月18日),新华社,2017年10月27日。

第二，用习近平新时代中国特色社会主义思想武装全党。这是思想建设的重要内容。党的思想建设的首要任务，就是要坚定理想信念，"教育引导全党牢记党的宗旨，挺起共产党人的精神脊梁，解决好世界观、人生观、价值观这个'总开关'问题，自觉做共产主义远大理想和中国特色社会主义共同理想的坚定信仰者和忠实实践者。"①

第三，建设高素质专业化干部队伍。"党的干部是党和国家事业的中坚力量。要坚持党管干部原则，坚持德才兼备、以德为先，坚持五湖四海、任人唯贤，坚持事业为上、公道正派，把好干部标准落到实处。坚持正确选人用人导向，匡正选人用人风气，突出政治标准，提拔重用牢固树立'四个意识'和'四个自信'、坚决维护党中央权威、全面贯彻执行党的理论和路线方针政策、忠诚干净担当的干部，选优配强各级领导班子。"②

第四，加强基层组织建设。党的基层组织是确保党的路线方针政策和决策部署贯彻落实的基础。基层组织建设以提升组织力为重点，突出政治功能，把企业、农村、机关、学校、科研院所、街道社区、社会组织等基层党组织建设成为宣传党的主张、贯彻党的决定、领导基层治理、团结动员群众、推动改革发展的坚强战斗堡垒。

第五，持之以恒正风肃纪。这是强调要加强作风建设。"加强作风建设，必须紧紧围绕保持党同人民群众的血肉联系，增强群众观念和群众感情，不断厚植党执政的群众基础。凡是群众反映强烈的问题都要严肃认真对待，凡是损害群众利益的行为都要坚决纠正。坚持以上率下，巩固拓展落实中央八项规定精神成果，继续整

---

①② 习近平：《决胜全面建成小康社会 夺取新时代中国特色社会主义伟大胜利》（2017年10月18日），新华社，2017年10月27日。

治'四风'问题,坚决反对特权思想和特权现象。重点强化政治纪律和组织纪律,带动廉洁纪律、群众纪律、工作纪律、生活纪律严起来。"①

第六,夺取反腐败斗争压倒性胜利。"要坚持无禁区、全覆盖、零容忍,坚持重遏制、强高压、长震慑,坚持受贿行贿一起查,坚决防止党内形成利益集团。在市县党委建立巡察制度,加大整治群众身边腐败问题力度。不管腐败分子逃到哪里,都要缉拿归案、绳之以法。推进反腐败国家立法,建设覆盖纪检监察系统的检举举报平台。强化不敢腐的震慑,扎牢不能腐的笼子,增强不想腐的自觉,通过不懈努力换来海晏河清、朗朗乾坤。"②

第七,健全党和国家监督体系。要加强对权力运行的制约和监督,让人民监督权力,让权力在阳光下运行,把权力关进制度的笼子。强化自上而下的组织监督,改进自下而上的民主监督,发挥同级相互监督作用,加强对党员领导干部的日常管理监督。要构建党统一指挥、全面覆盖、权威高效的监督体系,把党内监督同国家机关监督、民主监督、司法监督、群众监督、舆论监督贯通起来,增强监督合力。

第八,全面增强执政本领。习近平总书记指出:"我们党既要政治过硬,也要本领高强。"③他要求全党要"增强学习本领,在全党营造善于学习、勇于实践的浓厚氛围,建设马克思主义学习型政党,推动建设学习大国。增强政治领导本领,坚持战略思维、创新思维、辩证思维、法治思维、底线思维,科学制定和坚决执行党的路线方针政策,把党总揽全局、协调各方落到实处。增强改革创新本领,

---

①②③ 习近平:《决胜全面建成小康社会　夺取新时代中国特色社会主义伟大胜利》(2017年10月18日),新华社,2017年10月27日。

保持锐意进取的精神风貌，善于结合实际创造性推动工作，善于运用互联网技术和信息化手段开展工作。增强科学发展本领，善于贯彻新发展理念，不断开创发展新局面。增强依法执政本领，加快形成覆盖党的领导和党的建设各方面的党内法规制度体系，加强和改善对国家政权机关的领导。增强群众工作本领，创新群众工作体制机制和方式方法，推动工会、共青团、妇联等群团组织增强政治性、先进性、群众性，发挥联系群众的桥梁纽带作用，组织动员广大人民群众坚定不移跟党走。增强狠抓落实本领，坚持说实话、谋实事、出实招、求实效，把雷厉风行和久久为功有机结合起来，勇于攻坚克难，以钉钉子精神做实做细做好各项工作。增强驾驭风险本领，健全各方面风险防控机制，善于处理各种复杂矛盾，勇于战胜前进道路上的各种艰难险阻，牢牢把握工作主动权"。①

党的十九大以来，新时代党的建设总要求得到了有效贯彻执行，党的自身建设成效显著，不仅许多"老虎"被打，一些"苍蝇"也纷纷受到处理，仅 2020 年上半年，就处分省部级干部 13 人，厅局级干部 1314 人，县处级干部 0.9 万人，乡科级干部 3.3 万人，一般干部 3.9 万人，农村、企业等其他人员 15.9 万人。各项党内法规制度进一步健全和完善，党内形成了风清气正的政治生态环境，党的先进性更为彰显。

---

① 习近平：《决胜全面建成小康社会　夺取新时代中国特色社会主义伟大胜利》（2017年 10 月 18 日），新华社，2017 年 10 月 27 日。

第六章

重视学习教育,提高全党的思想水平

重视学习教育,是中国共产党的光荣传统和政治优势,也是中国共产党百年青春、一直保持着先进性的奥秘。正如习近平总书记2013年3月1日,在庆祝中央党校建校80周年大会上的讲话中所说的:"中国共产党人依靠学习走到今天,也必然要依靠学习走向未来。"

中国共产党依靠学习走到今天

纵观党的历史，学习一直推动着党前进的步伐，对中国革命、建设和改革起着关键而重要的先导、指导作用。

"梦想从学习开始"，这是习近平总书记《在欧美同学会成立100周年庆祝大会上的讲话》中所言。中国共产党实现中华民族伟大复兴中国梦的梦想，就是从学习开始的。

马克思主义改变了中国近代历史走向

"十月革命一声炮响，给我们送来了马克思主义"，中国共产党就是马克思主义同中国工人运动相结合的产物。马克思主义奠定了中国共产党人坚定理想信念、坚守精神家园的理论基础，改变了中国近代历史的走向。

可以说，中国共产党实现中华民族伟大复兴中国梦的梦想，就是从学习马克思主义开始。中国共产党解决了"学什么"的问题。

党的创始人、马克思主义在中国的最早传播者李大钊，在建党初期就认识到，马克思主义是科学而不是抽象的学理和不变的教条，研究马克思主义必须研究它"怎样应用于中国今日的政治经济情形"。

毛泽东"在国立北京大学当图书馆助理员的时候，就迅速地朝着马克思主义的方向发展"。在《西行漫记》中，毛泽东曾经回忆说：

我第二次到北京期间，读了许多关于俄国的书。我热烈地搜寻

第六章　重视学习教育，提高全党的思想水平

▶ 1866年的卡尔·马克思。
（新华社资料图片）

▲ 1936年，美国进步作家、记者斯诺访问陕北，写出了第一部向全世界介绍中国革命的书《红星照耀中国》。图为1938年复社在上海出版的这本书的中译本《西行漫记》。（新华社发 高风 摄）

一切那时候能找到的中文的共产主义文献。我接受了马克思主义是历史的最正确解释，从此以后，从没有动摇过。到了1920年夏天，在理论上——某种程度地也在行动上——我成了一个马克思主义者了。

2018年4月23日，习近平在十九届中央政治局第五次集体学习时的讲话中指出："《共产党宣言》确立了马克思主义政党的最高目标是实现共产主义，并把实现人的自由而全面的发展作为共产主义的本质特征。这一崇高理想站在了人类道义制高点，成为一代又一代共产党人忠贞不渝、坚强不屈的坚定信仰和不惧任何风险、战胜一切困难的精神支柱，成为马克思主义政党团结广大人民砸碎旧世界、创造新世界的精神旗帜。"①

《共产党宣言》是马克思和恩格斯为共产主义者同盟起草的纲领，全文贯穿马克思主义的历史观。宣言第一次全面系统地阐述了科学社会主义的理论，指出共产主义运动将成为不可抗拒的历史潮流。

1848年2月21日《共产党宣言》在伦敦第一次以单行本问世；1920年，在《共产党宣言》问世后的第72年，由陈望道从日文译成中文出版。

《共产党宣言》的诞生标志着马克思主义的诞生，对全世界的无产阶级革命运动起到了巨大而重要的推动作用，并在百年之后直接影响、推动了中国革命事业的发展。

灾难深重的中华民族，一百年来，其优秀人物奋斗牺牲，前仆后继，摸索救国救民的真理，是可歌可泣的。但是直到第一次世界大战和俄国十月革命之后，才找到马克思列宁主义这个最好的真理，

---

① 习近平：《学习马克思主义基本理论是共产党人的必修课》，新华网，2019年11月15日。

第六章 重视学习教育,提高全党的思想水平

▲ 图为在中共一大会址纪念馆拍摄的 1920 年 8 月(左)和 9 月出版的《共产党宣言》中文全译本(2020 年 6 月 23 日摄)。(新华社记者 刘颖 摄)

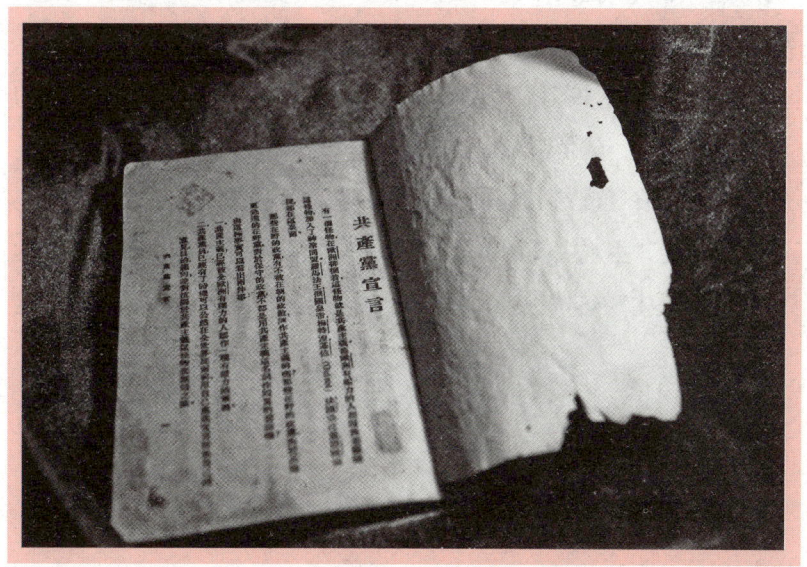

▲ 图为广饶县《共产党宣言》纪念馆收藏的 1920 年 8 月出版的《共产党宣言》中文首译本(2018 年 4 月 12 日摄)。(新华社记者 郭绪雷 摄)

作为解放我们民族的最好的武器,而中国共产党则是拿起这个武器的倡导者、宣传者和组织者。马克思列宁主义的普遍真理一经和中国革命的具体实践相结合,就使中国革命的面目为之一新。①

改造我们的学习

中国共产党解决了"学什么"的问题,但"怎样学"又摆在了面前。在学习马克思主义的问题上,有人以教条主义的观点来对待马克思主义原理,他们"只会片面地引用马克思、恩格斯、列宁、斯大林的个别词句,而不会运用他们的立场、观点和方法,来具体地研究中国的现状和中国的历史,具体地分析中国革命问题和解决中国革命问题。这种对待马克思列宁主义的态度是非常有害的,特别是对于中级以上的干部,害处更大"。②因此,毛泽东主张"将我们全党的学习方法和学习制度改造一下"③。

1941年5月19日,毛泽东在延安干部会上所作的《改造我们的学习》的报告,就是改造我党的学习方法和学习制度的重要文献。

毛泽东在《改造我们的学习》中批判了主观主义的学习态度。毛泽东认为,主观主义的态度,"就是对周围环境不作系统的周密的研究,单凭主观热情去工作,对于中国今天的面目若明若暗。在这

---

① 毛泽东:《改造我们的学习》(1941年5月19日),《毛泽东选集》第3卷,北京:人民出版社1991年版,第796页。

② 毛泽东:《改造我们的学习》(1941年5月19日),《毛泽东选集》第3卷,北京:人民出版社1991年版,第797页。

③ 毛泽东:《改造我们的学习》(1941年5月19日),《毛泽东选集》第3卷,北京:人民出版社1991年版,第795页。

第六章　重视学习教育，提高全党的思想水平

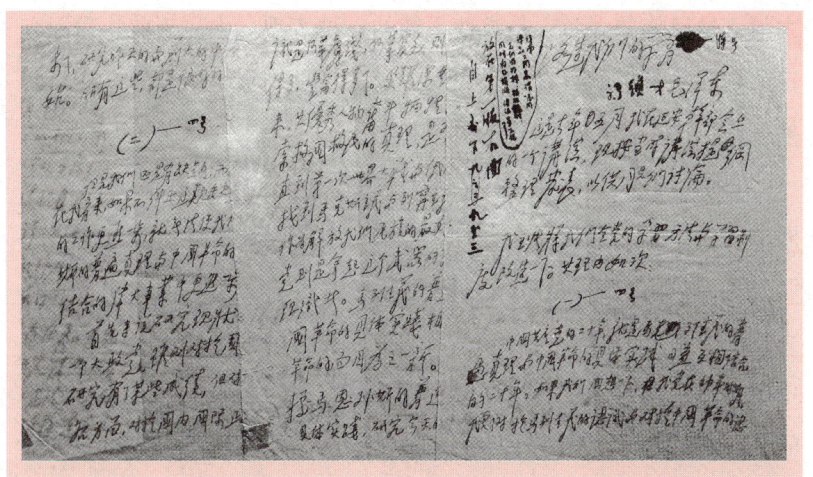

▲ 图为延安整风运动时期毛泽东所著《改造我们的学习》手稿（2016年6月15日摄）。20世纪40年代初，抗日战争进入相持阶段，局势相对平稳，特别是党中央所在地陕甘宁边区的形势比较稳定，为整风运动提供了客观条件。延安整风自1941年5月毛泽东同志发表《改造我们的学习》开始，到1945年4月党的六届七中全会通过《关于若干历史问题的决议》结束，历时4年。整风使全党达到了空前的团结，为夺取抗战胜利和民主革命胜利奠定了思想和理论基础。（新华社记者　邵瑞　摄）

种态度下，就是割断历史，只懂得希腊，不懂得中国，对于中国昨天和前天的面目漆黑一团。在这种态度下，就是抽象地无目的地去研究马克思列宁主义的理论。不是为了要解决中国革命的理论问题、策略问题而到马克思、恩格斯、列宁、斯大林那里找立场，找观点，找方法，而是为了单纯地学理论而去学理论。不是有的放矢，而是无的放矢。"[①]他还批判地指出："这种反科学的反马克思列宁主义的主观主义的方法，是共产党的大敌，是工人阶级的大敌，是人民的

[①] 毛泽东：《改造我们的学习》（1941年5月19日），《毛泽东选集》第3卷，北京：人民出版社1991年版，第799页。

大敌,是民族的大敌,是党性不纯的一种表现。大敌当前,我们有打倒它的必要。只有打倒了主观主义,马克思列宁主义的真理才会抬头,党性才会巩固,革命才会胜利。"①

毛泽东主张,要用马克思列宁主义的态度对待马克思列宁主义,即应用马克思列宁主义的理论和方法,对周围环境作系统的周密的调查和研究。"要有目的地去研究马克思列宁主义的理论,要使马克思列宁主义的理论和中国革命的实际运动结合起来,是为着解决中国革命的理论问题和策略问题而去从它找立场,找观点,找方法的。"② 这种态度,就是有的放矢的态度,就是实事求是的态度。这就为"怎么学"找到了方向和方法。

正因为"改造了我们的学习",中国共产党把马克思主义中国化,使马克思主义成为"解放我们民族的最好的武器"。

依靠学习走向未来

1939 年 5 月 20 日,毛泽东在延安在职干部教育动员大会上的讲话中指出:

现在我们的队伍里面发生了这样一个矛盾,就是我们的干部不学习便不能够领导工作……我们队伍里边有一种恐慌,不是经济恐慌,也不是政治恐慌,而是本领恐慌。

---

① 毛泽东:《改造我们的学习》(1941 年 5 月 19 日),《毛泽东选集》第 3 卷,北京:人民出版社 1991 年版,第 800 页。

② 毛泽东:《改造我们的学习》(1941 年 5 月 19 日),《毛泽东选集》第 3 卷,北京:人民出版社 1991 年版,第 801 页。

第六章 重视学习教育，提高全党的思想水平

毛泽东认为，"本领恐慌"是无法迎接革命高潮到来的。

建立新中国之后的 1957 年 3 月，毛泽东《在中国共产党全国宣传工作会议上的讲话》中明确指出："情况是在不断地变化，要使自己的思想适应新的情况，就得学习。"

1980 年 1 月邓小平在《目前的形势和任务》中也指出：

> 在不断出现的新问题面前，我们党总是要学，我们共产党人总是要学，我们中国人民总是要学。谁也不能安于落后，落后就不能生存。

2009 年 9 月召开的党的十七届四中全会提出，世界在变化，形势在发展，中国特色社会主义实践在深入，不断学习、善于学习，努力掌握和运用一切科学的新思想、新知识、新经验，是党始终走在时代前列引领中国发展进步的决定性因素。必须按照科学理论武装、具有世界眼光、善于把握规律、富有创新精神的要求，把建设马克思主义学习型政党作为重大而紧迫的战略任务抓紧抓好。从此开启了马克思主义学习型政党的建设。2010 年 2 月中共中央办公厅印发了《关于推进学习型党组织建设的意见》（以下简称《意见》），《意见》指出："当今世界正处在大发展大变革大调整时期，世界多极化、经济全球化深入发展。特别是现代科学技术进步日新月异，知识创造、知识更新速度大大加快，创新能力越来越成为综合国力和国际竞争力的核心因素。无论是一个国家、一个民族还是一个政党，如果不加强学习、不提高学习能力，势必落后于时代。各级党组织和广大党员干部必须切实增强学习的紧迫感和自觉性，更加重视和善于学习，努力掌握和运用一切科学的新思想、新知识、新经验，顺应时代发展，实现知识的不断更新。只有这样，才能敏锐把

握时代前进脉搏，科学判断世界发展大势，提高推动改革发展的能力，更好地带领人民在激烈的国际竞争中掌握主动。"①

新时代党对学习提出的新要求

党的十八大以来，习近平总书记在多个场合反复强调：

我们的干部要上进，我们的党要上进，我们的国家要上进，我们的民族要上进，就必须大兴学习之风，坚持学习、学习、再学习，坚持实践、实践、再实践。全党同志特别是各级领导干部都要有加强学习的紧迫感，都要一刻不停地增强本领。②

党的十九大报告还把"增强学习本领"列为全党要增强的"八大"本领之首，要求在全党营造善于学习、勇于实践的浓厚氛围，建设马克思主义学习型政党，推动建设学习大国。

为什么把"增强学习本领"列为全党要增强的"八大"本领之首？因为只有加强学习，才能增强工作的科学性、预见性、主动性，才能使领导和决策体现时代性、把握规律性、富于创造性，避免陷入少知而迷、不知而盲、无知而乱的困境，才能克服本领不足、本领恐慌、本领落后的问题。"学习是做好工作的一个条件，而且是一个必不可少的条件。"③

---

① 中办印发《关于推进学习型党组织建设的意见》，新华社，2010年2月8日。
② 习近平：《国家要上进必须大兴学习之风》，人民网，2013年3月8日。
③ 陈云：《学习是共产党员的责任》（1939年12月），《陈云文选》（1926—1949年）北京：人民出版社1984年版，中国人民解放军战士出版社重印，第121—122页。

坚持用党的科学理论武装头脑

习近平总书记2013年8月19日在全国宣传思想工作会议上强调:"崇高信仰、坚定信念不会自发产生。要炼就'金刚不坏之身',必须用科学理论武装头脑,不断培植我们的精神家园。对领导干部特别是高级干部来说,要把系统掌握马克思主义基本理论作为看家本领"①。这种本领从哪里来?根本便是掌握好马克思主义理论武器。

牢固树立并加强理论认同

理论认同指的就是认同马列"老祖宗"、毛泽东思想、中国特色社会主义理论体系。中国共产党的这些理论,依次揭示了人类社会发展的本质和规律,揭示了社会发展的方向和趋势,揭示了中国走社会主义道路的方向和趋势。这是中国共产党人树立理想信念的理论基础和首要内容。为此,党员干部提升政治能力首先需要坚定理论自信,将之内化于心,也就坚定了社会主义、共产主义、中国特色社会主义的理想信念。

第一,坚信马列"老祖宗"。在怎样对待和运用马列"老祖宗"的问题上,中国共产党有两个重要的提法。一个是"马克思列宁主义的普遍真理和中国革命的具体实践相结合",另一个是马克思主义中国化。关于前者,1941年,毛泽东在《改造我们的学习》的演讲

---

① 习近平:《意识形态工作是党的一项极端重要的工作》,2013年8月20日,http://news.xinhuanet.com/politics/2013-08/20/c_117021464.htm。

中说:"中国共产党的二十年,就是马克思列宁主义的普遍真理和中国革命的具体实践日益结合的二十年"①。这是对我们党的历史所作的重要概括。

关于后者,1938年10月,毛泽东同志在党的六届六中全会上的讲话中强调指出:"使马克思主义在中国具体化","即是说,按照中国的特点去应用它"。②邓小平同志也曾经告诫领导干部:"我们搞改革开放,把工作重心放在经济建设上,没有丢马克思,没有丢列宁,也没有丢毛泽东。老祖宗不能丢啊!"领导干部要坚信马列"老祖宗",必须有科学的态度和方法,做到学习、辨析、运用和创新统一。尤其在新的历史时期,实现新的历史任务,进行新的伟大斗争,必须坚持马克思主义的立场、观点和方法。

第二,掌握和有效运用马克思主义哲学方法。2013年8月,在全国宣传思想工作会议上,习近平强调:"领导干部特别是高级干部要把系统掌握马克思主义基本理论作为看家本领"③。中国共产党历史上的很多重要转折时期都在学哲学,比如延安时期干部大规模地学习马克思主义哲学,改革开放前的"实践是检验真理的唯一标准的大讨论"等,都是通过学习马克思主义哲学来统一全党思想,推动国家发展。

毛泽东是用马克思主义哲学的世界观和方法论破解中国革命和建设中的现实问题的典范,他所撰写的《实践论》《矛盾论》等都是指导革命实践成功的重要哲学著作。毛泽东曾经用"过河"与"船"的关系来比喻学哲学的重要性,认为"我们不但要提出任务,而且

---

① 《毛泽东选集》(第3卷),北京:人民出版社1991年版,第795页。
② 《毛泽东选集》(第2卷),北京:人民出版社1991年版,第534页。
③ 《习近平为何说理论学习是干部"看家本领"》,人民网,2013年8月21日。

要解决完成任务的方法问题。我们的任务是过河,但是没有桥或没有船就不能过。不解决桥或船的问题,过河就是一句空话。不解决方法问题,任务也只是瞎说一顿"①。

邓小平认为,改革开放后,我们的干部中有不少人不大懂得哲学,需要在思想方法上提高一步。陈云是我们党第一代和第二代领导集体的重要成员,他从自己长期的革命和建设实践中切身体会到哲学的重要性,曾多次向全党提出学习马克思主义哲学的问题,强调"学习哲学,可以使人开窍。学好哲学,终身受用"②。

第三,学习毛泽东思想。毛泽东思想是马列主义普遍原理和中国革命建设实践相结合的产物,是马克思列宁主义在中国的运用和发展。新时代,要进行具有许多新的历史特点的伟大斗争,党员干部必须坚持毛泽东思想的指导,学习毛泽东的思想方法、工作方法和领导方法。

实事求是、群众路线、独立自主是毛泽东思想活的灵魂。实事求是,就是从实际出发,理论联系实际,就是要把马克思列宁主义普遍原理同中国革命具体实践相结合。群众路线,就是一切为了群众,一切依靠群众,从群众中来,到群众中去。独立自主,自力更生,是从中国实际出发进行革命和建设的必然结论。

第四,学习马克思主义中国化最新成果。毛泽东同志曾经把马克思主义比喻成望远镜和显微镜,这形象地说明了科学认识世界的意义和价值。望远镜是要能够看清前进的方向,而不能只见树木,不见森林,这解决的是"应然世界"的理性问题;显微镜是要脚踏

---

① 《毛泽东选集》第1卷,北京:人民出版社1991年版,第139页。
② 《陈云文选》第3卷,北京:人民出版社1995年版,第362页。

实地，而不能好高骛远，看不清脚下的道路，这解决的是"实然世界"的现实问题。为此，面对新形势，党员干部应着力提升马克思主义理论素养。这种理论素养的提升需要掌握马克思主义及其中国化理论，学习马克思主义中国化最新成果，不断促进理论与实际工作相结合。只有这样，党员干部才能拥有政治上的坚强意志、执着信念和道德操守，不断提升政治能力。

在新的历史时期，实现新的伟大任务，进行新的伟大斗争，必须坚持推进马克思主义中国化。毛泽东在读《政治经济学教科书》时的谈话中说过："马克思这些老祖宗的书，必须读，他们的基本原理必须遵守，这是第一。但是，任何国家的共产党，任何国家的思想界，都要创造新的理论，写出新的著作，产生自己的理论家，来为当前的政治服务，单靠老祖宗是不行的"①。

党的十八大以来，以习近平总书记为核心的党中央，把中国特色社会主义理论体系与实践和时代相结合，形成习近平新时代中国特色社会主义思想。这是"对马克思列宁主义、毛泽东思想、邓小平理论、'三个代表'重要思想、科学发展观的继承和发展，是马克思主义中国化最新成果，是党和人民实践经验和集体智慧的结晶，是中国特色社会主义理论体系的重要组成部分"②。作为全党全国人民为实现中华民族伟大复兴而奋斗的行动指南，党员干部必须"深刻领会习近平新时代中国特色社会主义思想的精神实质和丰富内涵，

---

① 《毛泽东文集》第 8 卷，北京：人民出版社 1999 年版，第 109 页。
② 习近平：《决胜全面建成小康社会　夺取新时代中国特色社会主义伟大胜利——在中国共产党第十九次全国代表大会上的报告》，北京：人民出版社，2017 年 10 月 18 日。

在各项工作中全面准确贯彻落实"①。

新形势下，大多数党员对马克思主义理论和中国特色社会主义是相信的，理想信念是坚定的，道德品行是好的。同时也要看到，在党员干部队伍中，还确实存在着理想信念缺失的问题。十八大以来落马的"大老虎"，如薄熙来、谷俊山、徐才厚等，无不是理论缺失、丧失理想信念、失去自我的典型表现。这些案例一再说明，党员干部不论职务高低，如果放弃理论学习，放弃世界观的改造，对中国特色社会主义和共产主义理想丧失信心，就会不知不觉地走到邪路上去。

把握国情并坚持中国道路

党员干部在提升政治能力过程中，必须把握现实，把握实情，也就是把握世情国情党情，把握其方向和趋势。

第一，要把握国情，做到"三个认同"。国情主要是指一个国家的社会性质及其所处的社会发展阶段。只有准确把握中国发展的阶段性特征，才能更好地从国情出发，处理各种问题。为此，党员干部要把握社会主义初级阶段这个最大国情，把握世界上最大的发展中国家这个实际。

在此基础之上，党员干部要增强"三个认同"，即对中国特色社会主义的政治认同、思想认同和感情认同。认同是坚定理想信念的前提。

一是政治认同。政治认同是人们在社会政治生活中产生的一种感情和意识上的归属感。它与人们的心理活动有着密切的关系。苏

---

① 习近平：《决胜全面建成小康社会　夺取新时代中国特色社会主义伟大胜利——在中国共产党第十九次全国代表大会上的报告》，北京：人民出版社，2017年10月18日。

共垮台，从某种意义上说，根源是缺乏政治认同。《俄国人》一书披露，勃列日涅夫有次与家人聚会，谈到苏联共产党的意识形态时，他说："什么共产主义，那都是哄哄老百姓的空话。"不仅苏联领导人不信共产主义，据当时调查，苏共1900万党员中，相信马克思主义的不超过300万人，仅占六分之一。他们信什么呢？苏联学者指出，"他们所要的是权力，纯粹是权力"①。

二是思想认同。党员干部深刻把握中国特色社会主义的基本要求，就要增进对中国特色社会主义的思想认同，使之成为全党全国各族人民的共同信念，坚定"四个自信"。"四个自信"，源于党带领人民进行革命、建设、改革的伟大实践，也是检验干部理想信念的"试金石"②。

1934年10月，中国共产党领导86000名红军从江西出发，到1935年10月抵达陕北时，只剩下7000多人。然而，也正是这支队伍，14年后横扫千军如卷席、百万雄师过大江；也正是这个最初只有50多名党员的小党，28年后夺取全国政权、建立新中国。邓小平曾深刻指出，"为什么我们过去能在非常困难的情况下奋斗出来，战胜千难万险使革命胜利呢？就是因为我们有理想，有马克思主义信念，有共产主义信念。"

在当今世界风云变幻，社会思想多元多变的背景下，党员干部只有坚定"四个自信"，才能保持战略定力和前进动力，"自觉成为共产主义远大理想和中国特色社会主义共同理想的坚定信仰者和忠

---

① 于建荣，申海龙，李倩：《拧紧总开关：与党员干部谈理想信念和道德品行》，北京：红旗出版社，2015年，第88页。

② 陈希：《培养选拔干部必须突出政治标准》，转引自《党的十九大报告辅导读》，北京：人民出版社2017年版。

实践行者"①。

三是感情认同。人是有感情的动物，感情是人类活动的重要动力。党员干部提升政治能力，必须增强对中国特色社会主义共同理想的感情认同。

毛泽东以"星星之火，可以燎原"回答"红旗到底打得多久"的质疑，邓小平在苏联东欧发生历史性剧变后作出"世界上赞成马克思主义的人会多起来的"的断言，以及习近平总书记多次强调的"革命理想高于天"，体现的都是对社会主义信仰不懈追求的坚定志向。唯因有了这样的志向，才能艰难困苦、玉汝于成。党员干部要提升政治能力的基础是"定行"，确定明确中国特色社会主义感情认同的路径。对中国特色社会主义是否真正认同，根本上要看实践、看行动。梳理现实生活中一些贪腐堕落的党员干部案例不难发现，他们在价值迷失、信念动摇上的离经叛道，很大程度上不容易从他们道貌岸然的话语中得到体现，但都可以从他们实际行为上的改弦更张中找到答案。

第二，要坚持走中国道路。那么，"中国道路"是一条怎样的道路？探索"中国道路"问题，可以追溯到20世纪50年代中期。在完成对生产资料所有制的社会主义改造后，毛泽东注意到一个问题，就是我们原来学习苏联的经验中建设社会主义的这套办法，同中国的国情不完全相适应，他提出来要"以苏为鉴"，既重视它的经验也重视它的教训，更重要的是要从中国实际出发建设社会主义。

以十一届三中全会为起点，经过3年多的探索和深刻思考，邓小平在党的十二大开幕词中以高度概括的语言宣布："把马克思主

---

① 陈希：《培养选拔干部必须突出政治标准》，转引自《党的十九大报告辅导读》，北京：人民出版社2017年版。

义的普遍真理同我国的具体实际结合起来，走自己的道路，建设有中国特色的社会主义，这就是我们总结长期历史经验得出的基本结论"。这就使中国人民明确了在中国建设社会主义的正确方向，从而也就有了衡量一切是非的标准，形成了万众一心的巨大力量。

党的十一届三中全会之后，我们党坚定不移高举中国特色社会主义伟大旗帜，既不走封闭僵化的老路、也不走改旗易帜的邪路，而是带领人民探索出了一条符合中国实际、体现"中国特色"的道路。

当《邓小平文选》第三卷编辑工作完成时，邓小平语重心长地说："实际上，这是个政治交代的东西。""政治交代"4个字，说明它是这位总设计师留给后人的嘱托和期望。他说，这本书有针对性，教育人民，现在正用得着。不管对现在还是对未来，我讲的东西都不是从小角度讲的，而是从大局讲的。"其中讲到的事都是我们一直在做的事，不能动摇。就是要坚持，不能改变这条路线，特别是不能使之不知不觉地动摇，变为事实。"他特别提到"不能使之不知不觉地动摇"，显然是提醒后人要保持警惕，防止这种现象的出现，因为"不知不觉地动摇"有时比明目张胆地发表反对主张更加危险。[①]

习近平总书记指出："我们党始终强调，中国特色社会主义，既坚持了科学社会主义基本原则，又根据时代条件赋予其鲜明的中国特色。"正是这种"中国特色"与科学社会主义基本原理的有机结合，才使中国特色社会主义道路具有了鲜明的时代性和鲜活的生命力。

中国的改革从来就不是有方可循的，而是实践出真知。有没有一种道路叫中国道路？答案当然显而易见的，准确来说每个国家的发展道路都是不同的。为此，党员干部要明确"中国道路"的"中

---

① 金冲及：《作为总设计师的邓小平》，人民网－人民日报，2014年08月18日，http://opinion.people.com.cn/n/2014/0818/c1003-25481707.html。

国特色"。

中国共产党第十九次全国代表大会上进一步明确了"习近平新时代中国特色社会主义思想,明确坚持和发展中国特色社会主义,总任务是实现社会主义现代化和中华民族伟大复兴"①。这便明确了新时代的中国道路。正如韩庆祥教授所指出的,"中国道路使中国主要靠自己的力量解决了自己的生存问题","既体现了马克思主义的基本原理,又有利于维护世界和平","对解构'国强必霸'的逻辑是一种和平性贡献"。从总体上讲,中国道路具有十分重要的意义,党员干部必须在坚持中国道路基础上锤炼自身政治能力。

在深化理论方面下大功夫

2017年7月26日,习近平在省部级主要领导干部"学习习近平总书记重要讲话精神,迎接党的十九大"专题研讨班开班式上强调,"在新的时代条件下,我们要进行伟大斗争、建设伟大工程、推进伟大事业、实现伟大梦想,仍然需要保持和发扬马克思主义政党与时俱进的理论品格,勇于推进实践基础上的理论创新"②。

政治能力生发于思想基础,必须坚持在深化理论武装上下功夫。科学理论是正确行动的指南。那么,对于党员干部来说,在提升政治能力方面应学习哪些科学理论呢?诺贝尔经济学奖得主、美国著

---

① 习近平:《决胜全面建成小康社会 夺取新时代中国特色社会主义伟大胜利——在中国共产党第十九次全国代表大会上的报告》,北京:人民出版社,2017年10月18日。
② 《习近平在省部级主要领导干部"学习习近平总书记重要讲话精神,迎接党的十九大"专题研讨班开班式上发表重要讲话》,2017年7月27日,新华社,http://www.gov.cn/xinwen/2017-07/27/content_5213859.htm。

名经济学家保罗·萨缪尔森和威廉·诺德豪斯合著的《经济学》，在1979年出版的第10版中指出："19世纪的思想家，没有一个像马克思那样对人类产生如此直接、深思熟虑和巨大的影响。""同我们所概略考察过的大多数早期的理论不同的是，马克思主义的理论在今天仍具有生命力并起着至关重要的作用。"

1948年7月，中共中央决定创办马列学院，刘少奇担任院长。刘少奇在任职期间曾指出："马列主义理论不仅同实际工作是'最有关的东西'，也是我们许多同志最缺少的。如果我们各方面比较负责的干部，不具有马列主义理论修养，那就很可能犯经验主义的错误，成为'爬行的马克思主义者'，看得不远，迷失方向。"这段话也告诫今天的党员干部，必须学习普遍真理，把马克思主义普遍真理与中国实际结合起来。

掌握马克思列宁主义理论，决不是说要熟读它的一切公式和结论，或抱住这些公式和结论的每一个字句不放。马克思列宁主义理论应是行动的指南。正如刘少奇同志说，在对待马列主义理论问题上，既要反对"跛足"的教条主义，又要反对"爬行"的经验主义。他还讲到革命胜利了更需要学习马克思主义理论。①

新形势下，党员干部会因为面临"本领恐慌"而怕犯错误。那么，如何才能避免犯错误或者少犯错误呢？对这个问题，我们来看看陈云关于这个问题的一些经验总结。

陈云曾讲述："在延安的时候，我曾以为自己过去犯错误是由于经验少。毛泽东同志对我说，你不是经验少，是思想方法不对头。"②

---

① 《刘少奇认为什么人是"爬行的马克思主义者"》，《北京日报》，2017年5月26日。
② 《陈云文选》（第1卷），北京：人民出版社，1995年。

后来，陈云把毛泽东同志从井冈山到延安写的著作都找来看，研究他处理问题的方法。同时再次考虑，错误到底是从哪里来的？他得出一条结论：由于主观对客观事物认识上有偏差。凡是错误的结果都是由行动的错误造成的，而行动的错误是从认识的错误来的。认识支配行动，行动是认识的结果。

蒋介石为什么曾说三个月或者五个月就可以消灭中国共产党呢？他的这种错误的判断，就在于他对中国共产党人同群众密切结合的这一点缺乏估计，同时夸大了自己精锐武器的作用，忽视了自己军队的士气低落和同群众的严重脱离。

党员干部要少犯错误，就要避免认识上的片面性，坚持把理论武装作为基础任务，同时应特别加强对马克思主义经典著作的学习。经典著作蕴含和集中体现着马克思主义基本原理，只有认真学习经典著作，才能对马克思主义基本理论领会得更加深透。正如习近平同志曾在中央党校2011年春季学期第二批入学学员开学典礼上指出的："阅读经典著作，本身就是增长知识、开阔眼界、增加思想深度和训练思维方式的过程"。

党员干部还应重视对历史特别是党史和国史的学习。正如习近平总书记所指出的，"历史是最好的教科书"。"学习党史、国史，是坚持和发展中国特色社会主义、把党和国家各项事业继续推向前进的必修课"[①]。通过以上学习过程，党员干部才会深刻认识中国特色社会主义的重大历史意义，坚定中国特色社会主义道路自信、理论自信、制度自信、文化自信，克服"本领恐慌"，从而真正提升自身政治能力。

---

① 中央党校中国特色社会主义理论体系研究中心：《把系统掌握马克思主义基本理论作为看家本领》，《光明日报》，2013年10月8日。

学深悟透习近平新时代中国特色社会主义思想

坚持以科学理论引领、用科学理论武装，是我们党永葆先进性、纯洁性的重要保证。习近平新时代中国特色社会主义思想是时代和实践的结晶，是基于对习近平同志系列重要讲话和治国理政的新理念新思想新战略的坚持和发展、继承和创新，体现了中国化马克思主义一脉相承又与时俱进的理论品格和实践精神。深入学习贯彻习近平新时代中国特色社会主义思想的精神实质和丰富内涵，对于统一思想认识、凝聚奋进力量、实现中华民族伟大复兴，意义重大而深远。

深刻理解习近平新时代中国特色社会主义思想的时代背景

"党的十八大以来，习近平总书记继往开来、与时俱进，紧紧围绕坚持和发展中国特色社会主义，创造性回答时代和实践发展对党治国理政提出的新课题"，"形成了一个系统完整、逻辑严密的思想理论体系，彰显了马克思主义政党与时俱进的理论品格，为在新的时代条件下推进党和国家事业发展提供了科学理论指导和行动指南，也为领导干部提高政治能力提供了有力的思想武器。"[①]

与以往时代不同，新时代面临新的主要矛盾内涵，即"人民日

[①] 刘云山：《领导干部要注重提高政治能力》，《学习时报》，2017年09月11日。

益增长的美好生活需要和不平衡不充分的发展之间的矛盾"①。这关系全局的历史性变化，决定了我国发展所处的历史方位。但是，必须认识到，主要矛盾的变化，并没有改变我国的基本国情。这就是，我国仍处于并将长期处于社会主义初级阶段的基本国情没有变。因此，党员干部必须牢牢立足这个基本国情，来满足人民日益增长的美好生活需要。这是对党员干部的基本政治任务要求。

新时代，要有新的战略安排，即新的"两步走"，从全面建成小康社会到基本实现现代化，再到全面建成社会主义现代化强国。"从2020年到2035年，在全面建成小康社会的基础上，再奋斗15年，基本实现社会主义现代化。第二个阶段，从2035年到本世纪中叶，在基本实现现代化的基础上，再奋斗15年，把我国建成富强民主文明和谐美丽的社会主义现代化强国。"②这个重大战略安排，进一步细分了全面建成小康社会后的30年，把30年的长时间跨度，分别用两个15年加以实现，并且对这两个阶段，都从经济、政治、文化、社会、生态等方面提出具体要求。

党员干部要把握新时代的"新"，从而正确理解新时代内涵，深刻领会习近平新时代中国特色社会主义思想的重大意义。

新时代的"新"主要体现在面临的经济发展目标、改革任务、党建任务、治理背景与以往不同。具体来说，新时代的经济发展目标不仅仅是富起来，重点是共同富裕，也就是说，让全体人民共享发展成果。为此，党员干部要提升战略思维、辩证思维与创新思维能力，坚持"五大发展理念"，以谋划和推动全局工作。

---

①② 习近平：《决胜全面建成小康社会　夺取新时代中国特色社会主义伟大胜利——在中国共产党第十九次全国代表大会上的报告》，北京：人民出版社，2017年10月18日。

在改革任务方面,新时代的任务是"使市场在资源配置中起决定性作用","坚决破除一切不合时宜的思想观念和体制机制弊端,突破利益固化的藩篱","着力解决好发展不平衡不充分问题,大力提升发展质量和效益","推动新型工业化、信息化、城镇化、农业现代化同步发展",更加注重公平建设。为此,党员干部要有担当精神,敢啃"硬骨头",增强工作的科学性、主动性和创造性。

在党建任务方面,新时代将党的政治建设放在首位,"抓住'关键少数',坚持'三严三实'""发展积极健康的党内政治文化,全面净化党内政治生态",并"持之以恒正风肃纪"。为此,党员干部需要牢牢把握政治性,将锤炼政治能力放在首位,深刻理解政治能力的时代内涵和要求;还要有清醒的底线思维,"严格遵守政治纪律和政治规矩",增强法治思维和依法办事能力。

在治理背景方面,由于大众思想已是全面开放,平等意识、治理意识与法治精神逐渐发育,新时代提出治理能力现代化,为实现伟大梦想提供管理保障。为此,党员干部要提升治理意识,有效利用新型治理方式处理社会矛盾问题,并学会用历史思维解决新问题。面对新时代的升级版本,在党员干部成长过程中,会遇到各种新问题,这需要党员干部不断提高科学思维能力和全方位素质。

总而言之,习近平新时代中国特色社会主义思想,对当代中国社会发展的历史方位做出了科学界定,即中国特色社会主义新时代,并提出了新时代中国社会主要矛盾的重要论断;对坚持和发展中国特色社会主义伟大事业的基本方略做出了科学概况,使伟大事业成功有了最坚实的基本方略,使党的基本路线有了定心丸;对新时代如何全面推进党的建设新的伟大工程,特别是加强党的政治领导和政治建设,提升党的政治领导能力,做出了科学论断。

深刻理解习近平新时代
中国特色社会主义思想的创新界标

马克思主义中国化就是将马克思主义的基本原理和中国革命与建设的实际情况相结合,从而得出适合中国国情的社会主义革命和建设道路。毛泽东同志最早提出了马克思主义中国化的思想。1938年10月,毛泽东在中共六届六中全会的政治报告《论新阶段》中指出:"离开中国特点来谈马克思主义,只是抽象的空洞的马克思主义。因此,马克思主义的中国化,使之在每一表现中带着必须有的中国的特性,即是说,按照中国的特点去应用它,成为全党亟待了解并亟待解决的问题。"

党的十八大以来,习近平总书记站在坚持和发展中国特色社会主义事业战略和全局的高度,就新时代的重大理论和实践问题,提出富有创造性的新思想新观点新要求,形成习近平新时代中国特色社会主义思想,是马克思主义中国化的最新理论成果。

这个最新理论成果与一般学术创新是有区别的。这是因为马克思主义执政党的重大理论创新需要基于以下条件:以往的思路与普遍措施很难解决新时代遇到的新问题;为解决新问题,基于全党智慧形成新的理论体系,并以此做出相应科学战略布局;用新的理论体系指导实践,来破解新时代的各种新问题,并使中国改革发展事业发生新变化。

从党的十九大开始,习近平新时代中国特色社会主义思想被写入《中国共产党章程》,同马克思列宁主义、毛泽东思想、邓小平理论、"三个代表"重要思想、科学发展观一道确立为党的行动指南。

在《中国共产党章程》中也体现了相应的修订。例如，在第一章第三条党员必须履行的八项义务中第一项学习部分，相应增加了"习近平新时代中国特色社会主义思想"；在第六章第三十六条党的干部必须具备的基本条件中加入了"带头贯彻落实习近平新时代中国特色社会主义思想"的内容；在第五章第三十二条党的基层党组织的基本任务中关于组织党员学习理论部分增加了"习近平新时代中国特色社会主义思想，推进'两学一做'学习教育常态化制度化"。为此，党员干部要准确理解习近平新时代中国特色社会主义思想的科学内涵，并在掌握其实质精神过程中指导各项工作，从而获得政治思想境界的进一步升华。

深刻理解习近平新时代中国特色社会主义思想的内容体系

习近平新时代中国特色社会主义思想，具有十分丰富的理论内涵，形成了中国化马克思主义党建理论体系的核心内容，构成了完整的思想理论体系，主要体现在两个方面。

第一，关于党的自身建设方面，具有十分丰富的理论内涵。

一是明确了中国特色社会主义制度的最大优势是中国共产党领导，中国共产党是最高政治领导力量，并将政治建设放在党的建设中的重要地位；二是强调坚持党对一切工作的领导；三是强调要坚持全面从严治党，勇于自我革命。

第二，在中国特色社会主义事业发展方面，具有十分丰富的理论内涵。

一是明确了坚持和发展中国特色社会主义的总任务，是实现社会主义现代化和中华民族伟大复兴，在全面建成小康社会的基础上，分两步走在本世纪中叶建成富强民主文明和谐美丽的社会主义现代化强国。

二是明确了中国特色社会主义事业总体布局是"五位一体"、战略布局是"四个全面"，强调坚定道路自信、理论自信、制度自信、文化自信。

三是明确全面深化改革总目标是完善和发展中国特色社会主义制度、推进国家治理体系和治理能力现代化。

四是明确了全面推进依法治国总目标是建设中国特色社会主义法治体系、建设社会主义法治国家。

五是明确了党在新时代的强军目标是建设一支听党指挥、能打胜仗、作风优良的人民军队，把人民军队建设成为世界一流军队。

六是明确了中国特色大国外交要推动构建新型国际关系，推动构建人类命运共同体。这些构成习近平新时代中国特色社会主义思想的核心内容，也构成了今后坚持和发展中国特色社会主义的基本方略。

党员干部只有锤炼自己，深入学习习近平新时代中国特色社会主义思想的内容体系，保持自我革命精神，加强严格自律、强化责任担当，才能在新征程中攻坚克难、砥砺前行，不断取得新成功、铸就新辉煌。

党员干部要注重系统学习，全面理解习近平新时代中国特色社会主义思想体系及其内在逻辑。通过学习，不断提高战略思维、辩证思维、系统思维、创新思维、底线思维，学到看大势、明大局、把方向的政治智慧和政治担当。注重加强思想改造和政治塑造，坚决防止和克服思想上"迷茫"、政治上"偏向"。

党员干部在深刻领会习近平新时代中国特色社会主义思想过程中还应把握"中央基准"。以习近平新时代中国特色社会主义思想为指导，党员干部必须在各项工作中贯彻坚持和发展中国特色社会主义的基本方略，即"十四个坚持"："坚持党对一切工作的领导、坚持以人民为中心、坚持全面深化改革、坚持新发展理念、坚持人民当家作主、坚持全面依法治国、坚持社会主义核心价值体系、坚持在发展中保障和改善民生、坚持人与自然和谐共生、坚持总体国家安全观、坚持党对人民军队的绝对领导、坚持'一国两制'和推进祖国统一、坚持推动构建人类命运共同体、坚持全面从严治党"①。

---

① 习近平：《决胜全面建成小康社会 夺取新时代中国特色社会主义伟大胜利——在中国共产党第十九次全国代表大会上的报告》，北京：人民出版社，2017年10月18日。

参考文献

【1】习近平:《决胜全面建成小康社会 夺取新时代中国特色社会主义伟大胜利——在中国共产党第十九次全国代表大会上的报告》,新华社,2017年10月18日。

【2】习近平:《在庆祝改革开放40周年大会上的讲话》,新华网,2018年12月18日。

【3】习近平:《在党的十九届一中全会上的讲话》,人民网,2017年10月25日。

【4】习近平:《在中央党校建校80周年庆祝大会暨2013年春季学期开学典礼上的讲话》,《人民日报》,2013年3月1日。

【5】习近平:《关键在于落实》,《求是》,2011年第6期。

【6】习近平:《牢记初心使命,推进自我革命》,《求是》,2019年第15期。

【7】《中国共产党章程》,《人民日报》,2017年10月29日。

【8】《毛泽东选集》(第1—4卷),北京:人民出版社1991年版。

【9】《毛泽东选集》(第5卷),北京:人民出版社1977年版。

【10】《毛泽东著作选读》(上、下册),北京:人民出版社1986年版。

【11】邓小平:《邓小平文选》(第1—3卷),北京:人民出版社1994年版。

【12】《刘少奇选集》(上、下卷),北京:人民出版社1985年12月版。

【13】《陈云文选》(1926—1949年)北京:人民出版社1984年版。

【14】中共中央党史研究室:《中国共产党历史》第二卷(1949—1978)上册,北京:中共党史出版社2011年版。

【15】中共中央党史研究室著,胡绳主编:《中国共产党的七十年》,北京:中共党史出版社1991年版。

【16】薄一波:《若干重大决策与事件的回顾》(上、下册),北京:中共党史出版社2008年版。

【17】军事学院战史简编编写组:《中国人民解放军战史简编》,军事学院印刷厂印刷,1983年版。

【18】夏春涛:《中国共产党怎样解决作风建设问题》,江西:江西人民出版社2014年版。

【19】刘玉瑛:《新时代共产党员必须遵守的六大纪律》,新华出版社2019年版。

【20】刘玉瑛:《新时代共产党员的党性修养》,北京:中共中央党校出版社2020年版。